BAND 2

BEST OF

AUSSERGEWÖHNLICHE REZEPTE UND VIDEOS

Chefclub®
▶ NETWORK

BAND 2

BEST OF

AUSSERGEWÖHNLICHE REZEPTE UND VIDEOS

CHEFCLUB
VERLAG

DIE REZEPTE ALS VIDEOS

SO FUNKTIONIEREN DIE QR-CODES FÜR DIE CHEFCLUB-VIDEOS

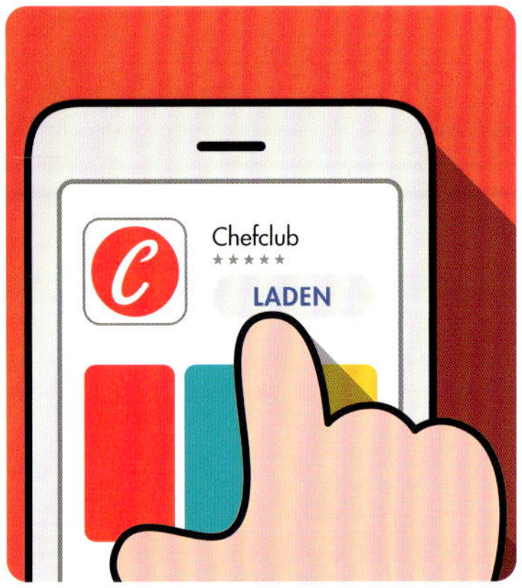

1

Die kostenlose **Chefclub-App** mithilfe des unten stehenden QR-Codes herunterladen.

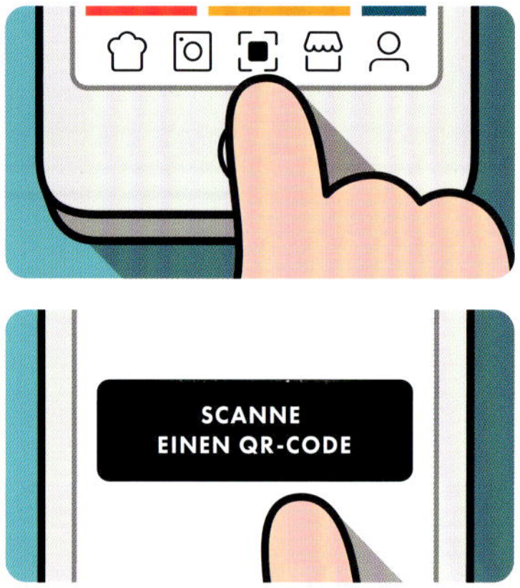

2

Das QR-Symbol am unteren Bildschirmrand auswählen und auf „ **Scanne einen QR-Code** “ klicken.

3

Den Rahmen des Scanners über den QR-Code des ausgewählten Rezepts halten. Und schon wird das Rezeptvideo angezeigt!

APP HERUNTERLADEN

VORWORT

Von der Idee zum Erfolg

Mit seinem ersten „Best of"-Kochbuch hat Chefclub den Buchmarkt im Sturm erobert! Dieses Buch brachte unsere beliebten Video-Rezepte zu Papier und verwandelte das gemeinsame Kochen mit der Familie oder mit Freunden in ein einzigartiges Erlebnis. Das Publikum war begeistert und wollte nur eines: Nachschlag!

Lecker, leckerer, Chefclub

Für Chefclub war dies der Auftakt zu weiteren Abenteuern. Die Marke wurde immer erfolgreicher und so zählt die Community mittlerweile 75 Millionen Abonnenten, das Chefclub-Team ist auf 50 Mitglieder angewachsen, und das Büchersortiment wurde um das Set „Das Süße, Partyfood und Light & Fun" erweitert. Nun ist die Zeit gekommen, ein zweites „Best of" zu veröffentlichen, das dem ersten Band in Sachen Genuss und Geselligkeit in nichts nachsteht. Dieses BEST OF Band 2 will all jene inspirieren, die sich nach neuen, außergewöhnlichen Rezepten verzehren!

Das passende Rezept für jeden Anlass

Das Buch hält dabei am Format seines Vorgängers fest und wartet erneut mit den drei Rubriken Familie, Freunde und Liebe auf. Ob beim romantischen Tête-à-Tête, in geselliger Runde mit Freunden oder beim sonntäglichen Familienessen: Das Buch bietet unterhaltsame und köstliche Kochideen für jede Gelegenheit.

AUSSER
GEWÖHN
LICHE

REZEPTE UND VIDEOS

Essen ist fertiiiiiiiiig!

FAMILIE

HACKBÄLLCHEN-AUFLAUF

RAN AN DIE BULETTEN!

4 PERSONEN

ZUBEREITUNG

20 Minuten

GARZEIT

20 Minuten im Wasser
15 Minuten im Ofen

ZUTATEN

750 g Rinderhackfleisch
1 Zwiebel
1 EL Paprikapulver
3 dicke Kartoffeln
250 ml Béchamelsoße
100 g geriebener Mozzarella
Petersilie
Salz und Pfeffer

MATERIAL

1 Tarteform

1 Die Zwiebel in kleine Stücke schneiden und mit dem Hackfleisch, gehackter Petersilie, Paprikapulver, Salz und Pfeffer mischen.

2 Die Kartoffeln schälen und in Salzwasser garen. Die gegarten Kartoffeln in Scheiben schneiden und eine Tarteform damit auslegen (1).

3 Aus dem Hackfleisch Bällchen formen und die Kartoffelscheiben in der Form mit je einem Bällchen bestücken. Die verbleibenden Kartoffelscheiben zwischen die Hackbällchen stecken (2-3), dann die Béchamelsoße darübergießen.

4 Mit geriebenem Mozzarella bestreuen und bei 200 °C 15 Minuten im Ofen backen. Warm servieren (4).

CHEFCLUB-TIPP

Damit dieses Rezept gelingt, benötigen Sie perfekt gegarte Kartoffelscheiben. Dieser Moment ist erreicht, wenn sich eine Messerspitze problemlos in die Kartoffeln hineinstechen lässt. Um den Garvorgang anschließend zu stoppen, gießen Sie das heiße Wasser ab und füllen Sie die Kartoffeln in einen mit Wasser und Eiswürfeln gefüllten Kochtopf um.

Perfekte Anordnung in der Auflaufform, dank Video gewusst wie!

DAS REZEPT ALS VIDEO
Scannen Sie den QR Code oder tippen Sie 43514 in die Chefclub App

Die Chefclub-Idee

BULETTEN ALS LECKERES OFENGERICHT

OMELETT-KUCHEN

AUSSEN KNUSPRIG, INNEN CREMIG

4 PERSONEN

ZUBEREITUNG

20 Minuten

GARZEIT

25 Minuten in der Pfanne
30 Minuten im Ofen

ZUTATEN

1 kg Kartoffeln
1 Zwiebel
6 Eier
12 Scheiben roher Schinken
200 g Emmentaler am Stück
Pflanzenöl

MATERIAL

1 Pfanne mit hohem Rand
1 Kastenform

1 Die Kartoffeln schälen und würfeln. Die Zwiebel hacken und mit den Kartoffelwürfeln einige Minuten in der Pfanne goldbraun anbraten. Dann abtropfen lassen. Anschließend Eier, Kartoffeln und Zwiebeln miteinander verrühren (1).

2 Die Kastenform mit rohem Schinken auskleiden. Dabei die Scheiben am Rand der Form überstehen lassen. Den Emmentaler am Stück in der Mitte platzieren (2).

3 Die Form mit der Eier-Kartoffel-Zubereitung füllen (3). Dann die überstehenden Schinkenscheiben darüberklappen. Bei 180 °C 30 Minuten backen. Aus der Form lösen und mit Salatblättern servieren (4).

CHEFCLUB-TIPP

Damit Ihre Kartoffelwürfel so richtig knusprig werden, müssen Sie Ihnen die Stärke entziehen. Geben Sie sie dafür mehrfach in ein Wasserbad, bis das Wasser nicht mehr trüb wird. Benutzen Sie danach eine Salatschleuder, um das Wasser zu entfernen. Dann braten Sie die Kartoffeln wie gewohnt an.

Die ideale Bacon-Verteilung finden Sie im Video

DAS REZEPT ALS VIDEO
Scannen Sie den QR Code oder tippen Sie 10493 in die Chefclub App

2

Die Chefclub-Idee

**EMMENTALER AM STÜCK
IN EINEM OMELETT-KUCHEN**

3

4

CORDON-BLEU-ROULADEN

EIN KLASSIKER FÄLLT AUS DER ROLLE

4 PERSONEN

ZUBEREITUNG

15 Minuten

GARZEIT

5 Minuten in der Pfanne
20 Minuten im Ofen

ZUTATEN

1 Zucchini
4 Hähnchenfilets
4 Scheiben Schinken
1 Kugel Mozzarella
3 Eier
Mehl
Paniermehl
Olivenöl

MATERIAL

Zahnstocher
1 Backblech
Backpapier

1 Die Zucchini in dünne Streifen schneiden und mit ein wenig Öl in der Pfanne anbraten (1). Die Hähnchenfilets plattieren und jedes mit je 3 Zucchinistreifen belegen.

2 Jedes Filet mit je einer Scheibe Schinken und zwei dünnen Scheiben Mozzarella belegen (2). Die Hähnchenfilets aufrollen (3) und mithilfe von Zahnstochern verschließen.

3 Die Rouladen panieren. Dafür nacheinander in Mehl, geschlagenen Eiern und Paniermehl wenden. Anschließend auf ein mit Backpapier belegtes Backblech legen. Mit etwas Olivenöl beträufeln und bei 180 °C 20 Minuten im Ofen backen. Warm servieren (4).

CHEFCLUB-TIPP

Haben Sie Lust auf eine würzigere Panade? Bestreichen Sie einfach Ihre Rouladen mit scharfem Senf und wenden Sie sie danach in Paniermehl.

Finden Sie im Video alle Details zum Einrollen der Rouladen

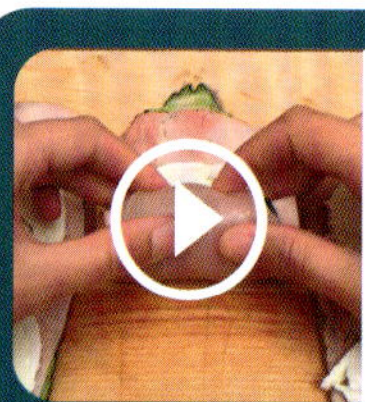

DAS REZEPT ALS VIDEO

Scannen Sie den QR Code oder tippen Sie 26636 in die Chefclub App

Die Chefclub-Idee

GEROLLTES CORDON BLEU MIT ZUCCHINI

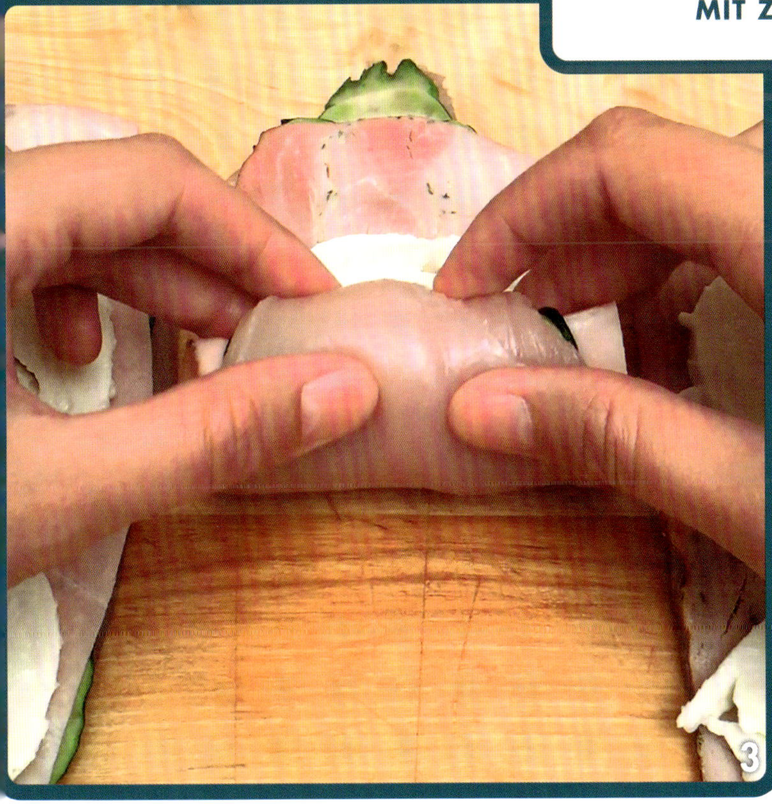

CARBONARA-ROLLE

AUCH OHNE SPAGHETTI ALLES PALETTI

6 PERSONEN

ZUBEREITUNG
25 Minuten

GARZEIT
10 Minuten in der Pfanne
25 Minuten im Ofen

RUHEZEIT
30 Minuten im Kühlschrank

ZUTATEN
12 Scheiben Toastbrot
500 g Crème fraîche
200 g Speckwürfel
150 g geriebener Parmesan
200 g geriebener Mozzarella
3 Eigelbe
Petersilie

MATERIAL
1 Nudelholz
Frischhaltefolie

1 Die Krusten der Toastbrotscheiben abschneiden. Die Scheiben dann in einem großen Rechteck auf ein Stück Frischhaltefolie legen. Mithilfe eines Nudelholzes plattieren. Dann 300 g Crème fraîche darauf verteilen (1).

2 Die Speckwürfel in der Pfanne anbraten, danach auf dem Brot verteilen und mit 100 g geriebenem Parmesan bestreuen. Die Carbonara-Rolle mithilfe der Frischhaltefolie andrücken und fest aufrollen (2). 30 Minuten kalt stellen.

3 Die Rolle mit der restlichen Crème fraîche bestreichen und mithilfe einer Gabel ein Rillenmuster ziehen (3). Mit Parmesan und Mozzarella bestreuen.

4 Bei 210 °C 20 Minuten im Ofen backen. Die Eigelbe auf die Rolle geben, weitere 5 Minuten backen, mit gehackter Petersilie bestreuen und servieren (4).

CHEFCLUB-TIPP
Für eine besonders knusprige Kruste backen Sie etwas Toastbrot 5 Minuten bei 180 °C im Ofen und zerbröseln Sie es anschließend. Bestreuen Sie dann die Carbonara-Rolle vor dem Backen mit Ihren selbst gemachten Semmelbröseln.

Eine runde Rolle?
Tricks im Video

DAS REZEPT ALS VIDEO
Scannen Sie den QR Code oder tippen Sie 70214 in die Chefclub App

Die Chefclub-Idee

EINE HERZHAFTE BÛCHE AUS TOASTBROT

GULASCH-BROT

PRÄSENTIERT IN ESSBAREN TÄSSCHEN

3 PERSONEN

ZUBEREITUNG

30 Minuten

GARZEIT

20 Minuten im Ofen
1 Stunde im Kochtopf

ZUTATEN

500 g aufgegangener Brotteig
3 Knoblauchzwiebeln
100 g Crème fraîche
20 g Butter
1 Zwiebel
500 g Rindfleisch (z. B. Hesse)
4 EL Tomatenmark
1 Brühwürfel
200 ml Rotwein
Petersilie
Salz und Pfeffer

MATERIAL

1 Sieb
1 Schmortopf
Alufolie
Backpapier

1 Aus dem Teig drei Kugeln formen und in jede Kugel eine Knoblauchzwiebel drücken (1). Aus Alufolie 3 Röllchen formen und diese auf einer Seite jeder Kugel hindurchstechen, um so einen Henkel zu formen (2). Auf ein mit Backpapier belegtes Backblech legen und dann 20 Minuten bei 180 °C im Ofen backen.

2 Am Ende der Backzeit aus dem Ofen nehmen, die Alu-Röllchen herausziehen und das obere Stück des Teigs abschneiden, sodass die Knoblauchzwiebeln zu sehen sind. Die Knoblauchzwiebeln herausnehmen (3) und in einem Sieb zu Knoblauchpaste zerdrücken (4).

3 Das Innere des Brotes mit Knoblauchpaste bestreichen (5). Einen Teelöffel der Paste aufbewahren. Diesen mit Crème fraîche und gehackter Petersilie vermischen (6).

4 Die Butter in einem Schmortopf schmelzen, klein geschnittene Zwiebel und gewürfeltes Rindfleisch hinzugeben. Mit Tomatenmark, 300 ml Wasser, Brühwürfel, Rotwein, Salz und Pfeffer mischen (7). 1 Stunde zugedeckt köcheln lassen. Anschließend das Gulasch in die Brottassen füllen, einen Teelöffel Crème-fraîche-Soße daraufgeben und servieren (8-9).

CHEFCLUB-TIPP

Um Ihren Brotteig selbst herzustellen, mischen Sie 500 g Mehl, 300 ml Wasser und 1 Päckchen Trockenhefe. Kneten Sie den Teig gut durch und lassen Sie ihn 30 Minuten gehen.

Schauen Sie das Video und formen Sie Tassen wie ein Profi

DAS REZEPT ALS VIDEO
Scannen Sie den QR Code oder tippen Sie 72721 in die Chefclub App

Die Chefclub-Idee

EIN GULASCH IM BROTSCHÄLCHEN

GEFÜLLTE KARTOFFEL-TALER

EIJEIJEI, WAS VERSTECKT SICH DENN DA?

6 PERSONEN

ZUBEREITUNG
25 Minuten

GARZEIT
10 Minuten im Ofen
5 Minuten frittieren

RUHEZEIT
30 Minuten im Kühlschrank

ZUTATEN
1 kg Kartoffeln
5 Scheiben Bacon
200 g geriebener Cheddar-Käse
6 Eier
100 g Mehl
100 g Paniermehl
Pflanzenöl
Petersilie
Salz und Pfeffer

MATERIAL
1 Backblech
1 großes Glas
1 kleines Glas
Backpapier
1 Pfanne mit hohem Rand

1 Die Kartoffeln schälen, in Salzwasser garen und anschließend zu Püree zerdrücken. Den Bacon 10 Minuten bei 170 °C im Ofen backen, dann zerkleinern (1) und zusammen mit Cheddar-Käse und gehackter Petersilie dem Püree untermischen (2).

2 Die Zubereitung auf einem mit Backpapier belegtem Backblech verteilen (3). 30 Minuten kalt stellen, dann mithilfe des großen Glases 6 Taler ausstechen (4).

3 Mit dem kleinen Glas eine Mulde in die Taler drücken (5). Die Eier trennen. Die Eigelbe in die Mulden geben (6) und die Eiweiße für später aufheben. Salzen und pfeffern. Aus dem verbleibenden Püree Deckel formen und die Taler verschließen (7).

4 Die Taler panieren. Dafür nacheinander in Mehl, Eiweiß und Paniermehl wenden (8). Anschließend in einer Pfanne mit hohem Rand frittieren. Warm servieren (9).

CHEFCLUB-TIPP

Sie wollen Ihren Bacon so richtig kross backen? Nichts leichter als das! Legen Sie ihn einfach flach auf ein Stück Backpapier in den noch kalten Ofen. Stellen Sie den Ofen dann auf 200 °C ein und backen Sie den Bacon 15 Minuten lang.

Die Zusammensetzung der Taler gibt es im Video zu sehen

DAS REZEPT ALS VIDEO
Scannen Sie den QR Code oder tippen Sie 15614 in die Chefclub App

Die Chefclub-Idee

EIN EI IM KNUSPRIGEN PÜREE-MANTEL

CHEESEBURGER-BÛCHE

TRANSATLANTISCHE FUSIONSKÜCHE

6 PERSONEN

ZUBEREITUNG
20 Minuten

GARZEIT
40 Minuten im Ofen

ZUTATEN
20 Scheiben Bacon
1 rechteckiger Pizzateig
9 Scheiben Cheddar-Schmelzkäse
1 kg Rinderhackfleisch
10 Gewürzgurken
1 Zwiebel
300 g Cheddar-Käse am Stück
1 Ei
Petersilie
Sesamsamen
Salz und Pfeffer

MATERIAL
1 Backblech
Backpapier

1 Den Bacon backen (s. Chefclub-Tipp S. 20). Den Pizzateig auf einem mit Backpapier belegten Backblech ausrollen und diesen mit Schmelzkäse-Scheiben (1) und Bacon (2) belegen.

2 Rinderhackfleisch, klein geschnittene Gewürzgurken, klein geschnittene Zwiebeln und gehackte Petersilie mischen.

3 Aus dem Hackfleisch eine Rolle formen (3) und diese der Länge nach breit einkerben (4). Zugeschnittene Cheddar-Stücke in die Kerbe legen (5) und die Fleisch-Rolle darüber verschließen (6).

4 Das Fleisch in den Pizzateig einrollen (7). Mit geschlagenem Ei bestreichen und mit Sesamsamen bestreuen. 40 Minuten bei 180 °C im Ofen backen und mit Pommes frites servieren (8-9).

CHEFCLUB-TIPP
Es gibt nichts, was dieses Rezept noch verbessern könnte. Abgesehen von unserer geheimen Burger-Soße natürlich. Sie hätten gerne das Rezept? Bitteschön: 2 EL Mayonnaise, je 1 TL Ketchup und amerikanischer Senf, 2 fein geschnittene Gewürzgurken, ½ TL Paprikapulver, ½ Knoblauchzehe und 1 Prise Cayennepfeffer. Lassen Sie es sich schmecken!

Die Burger-Bûche im Video, faszinierend anzusehen

DAS REZEPT ALS VIDEO
Scannen Sie den QR Code oder tippen Sie 43217 in die Chefclub App

Die Chefclub-Idee

EIN CHEESEBURGER IN FORM EINER HERZHAFTEN BÛCHE

BRATWURST-SPIESSE

BEI DIESEM REZEPT IST (SOZUSAGEN) ALLES WURST

5 PERSONEN

ZUBEREITUNG

20 Minuten

GARZEIT

10 Minuten in der Pfanne
30 Minuten im Ofen

ZUTATEN

25 Nürnberger Rostbratwürste
25 Kartoffelecken
2 grüne Paprikas
200 g Emmentaler am Stück
60 Scheiben Bacon

MATERIAL

5 Spieße
Backpapier

1 Die Nürnberger Bratwürste in der Pfanne braten (1). Die Kartoffelecken im Ofen backen. Die Paprikas in 25 Streifen und den Emmentaler in 25 Stäbchen schneiden (2). 5 Spieße mit allen Zutaten zusammenstellen, dabei die Zutaten abwechselnd aufspießen (3-4).

2 Auf einem Stück Backpapier ein großes Rechteck aus geflochtenen Bacon-Scheiben formen (5-6). Die Spieße auf dem Bacon-Geflecht stapeln (7) und dann darin einrollen (8).

3 Die so entstandene Rolle auf ein mit Backpapier bedecktes Backblech legen und 20 Minuten bei 180 °C im Ofen backen. Anschließend die Rolle der Länge nach aufschneiden und servieren (9).

CHEFCLUB-TIPP

Für hausgemachte Kartoffelecken vierteln Sie ungeschälte Kartoffeln und marinieren Sie sie in einer Mischung aus Olivenöl und Kräutern. Legen Sie die Viertel anschließend auf ein Backblech und backen Sie sie 30-40 Minuten im Ofen. Drehen Sie sie nach der Hälfte der Zeit einmal um.

Bacon flechten wird einfacher mit dem Video

DAS REZEPT ALS VIDEO
Scannen Sie den QR Code oder tippen Sie 81613 in die Chefclub App

Die Chefclub-Idee

EIN SPIESSIGES GESCHENK ZUM ÖFFNEN BEI TISCH

ÜBERRASCHUNGS-TORTILLA

SO WENIG ZUTATEN, SO VIEL GESCHMACK

6 PERSONEN

ZUBEREITUNG
20 Minuten

GARZEIT
40 Minuten in der Pfanne

ZUTATEN
3 Kartoffeln
1 Zwiebel
6 Eier
4 Scheiben Schinken
4 Scheiben Emmentaler
Pflanzenöl
Petersilie

MATERIAL
1 Pfanne mit hohem Rand

1 Kartoffeln würfeln, Zwiebeln klein schneiden und in einer Pfanne mit hohem Rand frittieren. Anschließend abtropfen lassen und mit den Eiern mischen (1).

2 Die Hälfte der Zubereitung in eine leicht gefettete Pfanne füllen. In der Mitte halbe Schinken- und Emmentaler-Scheiben abwechselnd übereinander stapeln (2).

3 Mit dem Rest der Zubereitung bedecken (3), dann bei niedriger Temperatur 5 Minuten braten. Das Omelett mithilfe eines Tellers umdrehen und weitere 5 Minuten braten. Schließlich aus der Pfanne heben, mit klein geschnittener Petersilie dekorieren und servieren.

CHEFCLUB-TIPP
Wenn Sie Ihr Omelett gut durch mögen, backen Sie es am Ende noch weitere 5 Minuten bei 180 °C im Ofen.

Video ansehen für die Tortilla-Drehung

DAS REZEPT ALS VIDEO
Scannen Sie den QR Code oder tippen Sie 14335 in die Chefclub App

2

Die Chefclub-Idee

EINE TORTILLA MIT ZART SCHMELZENDER SCHINKEN-KÄSE-FÜLLUNG

3

4

HERZHAFTER KÄSEKUCHEN

WENN'S MAL ETWAS DEFTIGER SEIN DARF

4 PERSONEN

ZUBEREITUNG
25 Minuten

GARZEIT
20 Minuten im Wasser
20 Minuten im Ofen

RUHEZEIT
10 Minuten im Gefrierfach

ZUTATEN
2 Kartoffeln
½ Zwiebel
1 Reblochon-Käse
1 Blätterteig
1 Eigelb
12 Scheiben Bacon
Petersilie

MATERIAL
1 kleine Auflaufform
Frischhaltefolie

1 Die Kartoffeln schälen, in Salzwasser garen und in Scheiben schneiden. Eine halbe Zwiebel in kleine Stücke schneiden. Die kleine Auflaufform mittig auf dem Reblochon-Käse platzieren und den Käse um die Form herum einschneiden (1). Das kreisförmige Mittelstück herausdrücken. Den ringförmigen Teil des Käses in Blätterteig einschlagen (2).

2 Kartoffelscheiben, Zwiebeln und gehackte Petersilie in die Mitte des Rings füllen. Reblochon-Reste würfeln und ebenfalls dazugeben. Den Blätterteig mit Eigelb bestreichen.

3 Frischhaltefolie auf einen Teller legen, die Bacon-Scheiben darauf verflechten (s. S. 24) und anschließend 10 Minuten ins Gefrierfach stellen.

4 Das Bacon-Geflecht auf den Ring legen (3) und dann bei 210 °C 20 Minuten im Ofen backen. Warm servieren (4).

CHEFCLUB-TIPP
Um die übrig gebliebene Zwiebelhälfte haltbarer zu machen, wickeln Sie sie zusammen mit einem Stück Butter in Alufolie ein. Die Butter sorgt dafür, dass in Ihrem Kühlschrank keine unangenehmen Gerüche entstehen.

Wie sie den Käse einschlagen, sehen Sie im Video

DAS REZEPT ALS VIDEO
Scannen Sie den QR Code oder tippen Sie 04969 in die Chefclub App

2

Die Chefclub-Idee

EIN REBLOCHON-KÄSE MIT BACON-KRUSTE

3

4

GESPICKTE KARTOFFELN

DIE TOLLE KNOLLE AUS DEM OFEN

8 PERSONEN

ZUBEREITUNG

15 Minuten

GARZEIT

75 Minuten im Ofen

ZUTATEN

8 Kartoffeln
8 Scheiben Schinken
8 Scheiben Emmentaler
500 ml Béchamelsoße
200 g geriebener Emmentaler
Olivenöl
Schnittlauch

MATERIAL

1 Backblech
Backpapier

1 Die Kartoffeln mehrfach einschneiden (etwa zu ¾), ohne sie ganz durchzuschneiden (1). Auf ein mit Backpapier belegtes Backblech legen, mit Öl bestreichen und dann 1 Stunde bei 180 °C im Ofen backen.

2 Die Schinken- und die Emmentaler-Scheiben in kleine Quadrate schneiden (2) und in die Einschnitte der Kartoffeln stecken (3).

3 Dann mit Béchamelsoße übergießen, mit geriebenem Emmentaler bestreuen und bei 180 °C 15 Minuten im Ofen backen. Die Kartoffeln mit klein geschnittenem Schnittlauch dekorieren und servieren (4).

CHEFCLUB-TIPP

Béchamelsoße blitzschnell zubereiten? Ja, das geht. Und zwar in der Mikrowelle! Verquirlen Sie 70 g Mehl und 70 g geschmolzene Butter in einer Schale. Fügen Sie 1 l aufgekochte Milch hinzu sowie Salz und Pfeffer. Kochen Sie die Mischung 3 Minuten in der Mikrowelle. Rühren Sie danach etwas um und kochen Sie die Soße weitere 2 Minuten.

Im Video sehen Sie, wie die Kartoffeln geschnitten werden müssen

DAS REZEPT ALS VIDEO

Scannen Sie den QR Code oder tippen Sie 96557 in die Chefclub App

Die Chefclub-Idee

FÄCHERKARTOFFELN MIT RAFFINIERTER FÜLLUNG

SPAGHETTI-WAFFELN

PASTA-SPASS FÜR DIE GANZE FAMILIE

4 PERSONEN

ZUBEREITUNG

20 Minuten

GARZEIT

8 Minuten im Wasser
25 Minuten im Waffeleisen (5 Minuten pro Füllung)
15 Minuten in der Pfanne

ZUTATEN

500 g Spaghetti
3 Eigelbe
½ Zwiebel
200 g Rinderhackfleisch
200 g Speckwürfel
2 EL Crème fraîche
200 ml Tomatensoße
100 g Parmesan
150 g Emmentaler
100 g Roquefort-Käse
150 g Mozzarella
300 g Pesto
Oregano

MATERIAL

1 Waffeleisen
Alufolie

1 Die Spaghetti 8 Minuten in kochendem Salzwasser garen. Abtropfen lassen, zwei Eigelbe hinzufügen (1) und durchmischen. Die Mischung je 5 Minuten im Waffeleisen backen (2) und die so entstandenen Waffeln vierteln.

2 In einer Pfanne Trennwände aus Alufolie aufstellen, um die Pfanne in vier Bereiche zu unterteilen (3). Eine halbe Zwiebel klein schneiden und in zwei dieser Bereiche anbraten. In einen dieser beiden Bereiche Hackfleisch und in den anderen Speckwürfel geben.

3 Wenn die Speckwürfel eine schöne Farbe angenommen haben, Crème fraîche und das verbleibende Eigelb hinzugeben und mischen. Zum Hackfleisch Tomatensoße und Oregano hinzufügen und gut verrühren.

4 Die verschiedenen Käsesorten in den dritten Bereich geben, Pesto in den vierten. Bei niedriger Temperatur 5 Minuten köcheln lassen. Servieren und die Waffeln in die verschiedenen Soßen tunken (4).

CHEFCLUB-TIPP

Landläufigen Meinungen zum Trotz sollte das Kochwasser für Nudeln nicht sofort gesalzen werden. Denn das verlangsamt das Aufkochen!

Öffnen Sie das Video um zu sehen wie Sie die Trennwände aufstellen können

DAS REZEPT ALS VIDEO

Scannen Sie den QR Code oder tippen Sie 19791 in die Chefclub App

2

Die Chefclub-Idee

SPAGHETTI-WAFFELN ZUM DIPPEN

3

4

PARTY-CRÊPES

FRANKREICH UND ITALIEN BITTEN ZU TISCH

6 PERSONEN

ZUBEREITUNG

30 Minuten

GARZEIT

48 Minuten in der Pfanne
25 Minuten im Ofen

ZUTATEN

5 Eier
500 g Mehl
50 ml Olivenöl
1 l Milch
500 g Rinderhackfleisch
1 Zwiebel
2 Karotten
400 ml Tomatensoße
12 Scheiben Comté-Käse
Oregano
Béchamelsoße

MATERIAL

1 rechteckige Form

1 Den Crêpeteig wie folgt zubereiten: Eier, Mehl und Olivenöl mit dem Schneebesen schlagen. Die Milch nach und nach hinzufügen, um Klümpchenbildung zu vermeiden. In einer Pfanne 12 Crêpes backen, je 2 Minuten pro Seite.

2 Zwiebel und Karotten fein hacken, mit Hackfleisch und etwas Olivenöl in einer Pfanne anbraten. Tomatensoße und Oregano hinzufügen, dann köcheln lassen (1).

3 Je 2 EL Bolognese-Soße auf die Crêpes geben. Die Ränder jedes Crêpes über der Soße umschlagen (2) und die Crêpes in die Form legen. Jeden Crêpe mit 1 EL Béchamelsoße garnieren (3).

4 Comté-Scheiben auf die Béchamelsoße legen und leicht andrücken, um die Soße etwas zu verteilen. 25 Minuten bei 180 °C im Ofen backen und warm servieren (4).

CHEFCLUB-TIPP

Traditionellerweise sollte eine Bolognese-Soße 5 bis 6 Stunden kochen. Je länger die Kochzeit, desto leckerer das Ergebnis.

Perfektes Falten der Crêpes, dank dem Video kein Geheimnis mehr

DAS REZEPT ALS VIDEO

Scannen Sie den QR Code oder tippen Sie 51427 in die Chefclub App

2

Die Chefclub-Idee

WÜRZIGE CRÊPES MIT BOLOGNESE-FÜLLUNG

3

4

FALSCHER HASE DELUXE

OMAS KLASSIKER IN DER SCHLEMMER-VERSION

6 PERSONEN

ZUBEREITUNG
20 Minuten

GARZEIT
45 Minuten im Ofen

ZUTATEN
700 g Rinderhackfleisch
3 Eier
1 Zwiebel
100 g Paniermehl
2 EL Senf
20 Scheiben Bacon
12 Babybel®
1 Tomate
Gewürzgurken

MATERIAL
1 Kastenform

1 Hackfleisch, Eier, klein geschnittene Zwiebel, Paniermehl und Senf miteinander mischen (1). Die Kastenform mit Bacon-Scheiben auslegen. Dabei die Scheiben seitlich überstehen lassen (2).

2 Die Hälfte des Hackfleisches in die Form geben, in der Mitte eine Mulde eindrücken und die Babybels® darin platzieren (3). Gewürfelte Tomaten und Gürkchen um den Käse herum verteilen, dann mit dem restlichen Hackfleisch bedecken.

3 Die überstehenden Bacon-Scheiben über das Hackfleisch klappen und 45 Minuten bei 180 °C im Ofen backen. Dann servieren (4).

CHEFCLUB-TIPP
So machen Sie Ihr eigenes Paniermehl: Trocknen Sie altbackenes Brot einige Minuten bei 100 °C im Ofen und zerbröseln Sie es anschließend. Sie können auch Zwieback zerkleinern – das Ergebnis ist nahezu identisch.

Entdecken Sie die Zutaten im Video

DAS REZEPT ALS VIDEO
Scannen Sie den QR Code oder tippen Sie 11941 in die Chefclub App

Die Chefclub-Idee

EIN HACKBRATEN MIT SAFTIGER BABYBEL®-FÜLLUNG

ZIEGENKÄSE-QUICHE

MMMM ... WIE DAS DUFTET!

6 PERSONEN

ZUBEREITUNG
15 Minuten

GARZEIT
40 Minuten im Ofen

ZUTATEN
1 Mürbeteig
3 kleine Ziegenkäse
200 g Schinkenwürfel
4 Eier
150 g Crème fraîche
1 Rispe gelbe Kirschtomaten
Petersilie
Basilikum
Schnittlauch
Salz und Pfeffer

MATERIAL
1 Kastenform

1 Die Kastenform mit Mürbeteig auslegen und den überstehenden Teig abschneiden. Die Ziegenkäse in die Form legen (1), Schinkenwürfel hinzufügen.

2 In einer Schüssel die Eier mit Crème fraîche, Salz, Pfeffer, gehackter Petersilie, gehacktem Basilikum und klein geschnittenem Schnittlauch mischen.

3 Die Mischung in die Kastenform gießen (2) und die Tomatenrispe vollständig darauflegen (3). Dann 40 Minuten bei 180 °C im Ofen backen.

4 Aus dem Ofen herausnehmen, abkühlen lassen und aus der Form lösen. Mit Salatblättern servieren (4).

CHEFCLUB-TIPP

Um zu verhindern, dass die sehr flüssige Eiermischung den Mürbeteig aufweicht, klemmen Sie einen Holzlöffel in die Ofentür, sodass diese leicht geöffnet bleibt. So entweicht ein Großteil der Feuchtigkeit.

Wie Sie die Kastenform mit dem Teig auskleiden können, sehen Sie im Video

DAS REZEPT ALS VIDEO
Scannen Sie den QR Code oder tippen Sie 69519 in die Chefclub App

Die Chefclub-Idee

EIN AUFLAUF MIT ZIEGENKÄSE

SAFTIGER BLUMENKOHL-BRATEN

SELBST GEMÜSEMUFFEL WERDEN BEGEISTERT SEIN

6 PERSONEN

ZUBEREITUNG

20 Minuten

GARZEIT

20 Minuten im Kochtopf
20 Minuten im Ofen

ZUTATEN

1 Blumenkohl
125 g Cheddar-Käse am Stück
500 g Rinderhackfleisch
1 Zwiebel
400 ml Béchamelsoße
110 g geriebener Mozzarella
Petersilie

MATERIAL

1 Apfelausstecher
2 Salatschüsseln
Frischhaltefolie

1 Den Blumenkohl 20 Minuten in kochendem Salzwasser garen (1), dann abtropfen lassen und mithilfe eines Apfelausstechers mehrere Löcher hineinbohren (2). Den Cheddar-Käse in Stäbchen schneiden und diese in die Löcher stecken (3-4).

2 Zwiebel klein schneiden, Petersilie hacken und beides mit dem Hackfleisch vermischen. Eine Salatschüssel mit Frischhaltefolie auslegen und die Schüssel anschließend mit der Hackfleischmasse auskleiden (5). Den Blumenkohl kopfüber auf das Fleisch legen (6).

3 Die Béchamelsoße in die zweite Salatschüssel gießen. Die erste Schüssel über der zweiten umdrehen, um den mit Hackfleisch bedeckten Blumenkohl in der Soße zu platzieren (7).

4 Die Frischhaltefolie abziehen, das Fleisch mit geriebenem Mozzarella bestreuen (8) und bei 200 °C 20 Minuten im Ofen backen. Warm servieren (9).

CHEFCLUB-TIPP

Um zu verhindern, dass der Blumenkohl-Duft durch Ihre Küche wabert, fügen Sie dem Kochwasser einfach ein Lorbeerblatt hinzu!

Erfahren Sie im Video, wie Sie den Blumenkohl richtig schneiden

DAS REZEPT ALS VIDEO

Scannen Sie den QR Code oder tippen Sie 91423 in die Chefclub App

Die Chefclub-Idee

EIN GEFÜLLTER BLUMENKOHL STEHT KOPF

GEROLLTER KARTOFFELAUFLAUF

DIESES RAFFINIERTE RÖLLCHEN HAT ES IN SICH

6 PERSONEN

ZUBEREITUNG

35 Minuten

GARZEIT

40 Minuten im Ofen
5 Minuten in der Pfanne

ZUTATEN

500 g Kartoffeln
150 g geriebener Emmentaler
1 Zwiebel
250 g Rinderhackfleisch
250 g gewürfelte Tomaten
200 g Spinatblätter
½ Knoblauchzehe
250 g Ricotta
100 g geriebener Mozzarella
Olivenöl
Petersilie
Paprikapulver
Salz und Pfeffer

MATERIAL

1 Backblech
Backpapier

1 Die Kartoffeln schälen und in dünne Scheiben schneiden. Die Hälfte des geriebenen Emmentalers auf einem mit Backpapier belegten Backblech verteilen und die Kartoffelscheiben darauflegen (1). Den restlichen Emmentaler über die Kartoffeln streuen und 30 Minuten bei 180 °C backen.

2 Die Zwiebel mit ein wenig Olivenöl anbraten, Rinderhackfleisch, gewürfelte Tomaten, klein geschnittene Petersilie, Paprikapulver, Salz und Pfeffer hinzugeben und 5 Minuten kochen. Dann zur Seite stellen.

3 Die Spinatblätter mit gehacktem Knoblauch und ein wenig Olivenöl garen, dann mit dem Ricotta mischen. Die Zubereitung auf den gekochten Kartoffeln verteilen und eine Schicht Hackfleisch-Mischung hinzufügen. Mit einer Schicht geriebenem Mozzarella abschließen (2).

4 Die belegten Kartoffeln aufrollen und bei 180 °C 10 Minuten im Ofen backen. Mit Petersilie bestreuen und servieren (3-4).

CHEFCLUB-TIPP

Geschälte Kartoffeln werden schnell braun, wenn man sie bei Zimmertemperatur aufbewahrt. Damit das nicht passiert, stellen Sie sie einfach in den Kühlschrank. Und schon ist das Problem gelöst!

Eine schöne Rolle?
Sehen Sie im Video, wie es geht

DAS REZEPT ALS VIDEO
Scannen Sie den QR Code oder tippen Sie 02520 in die Chefclub App

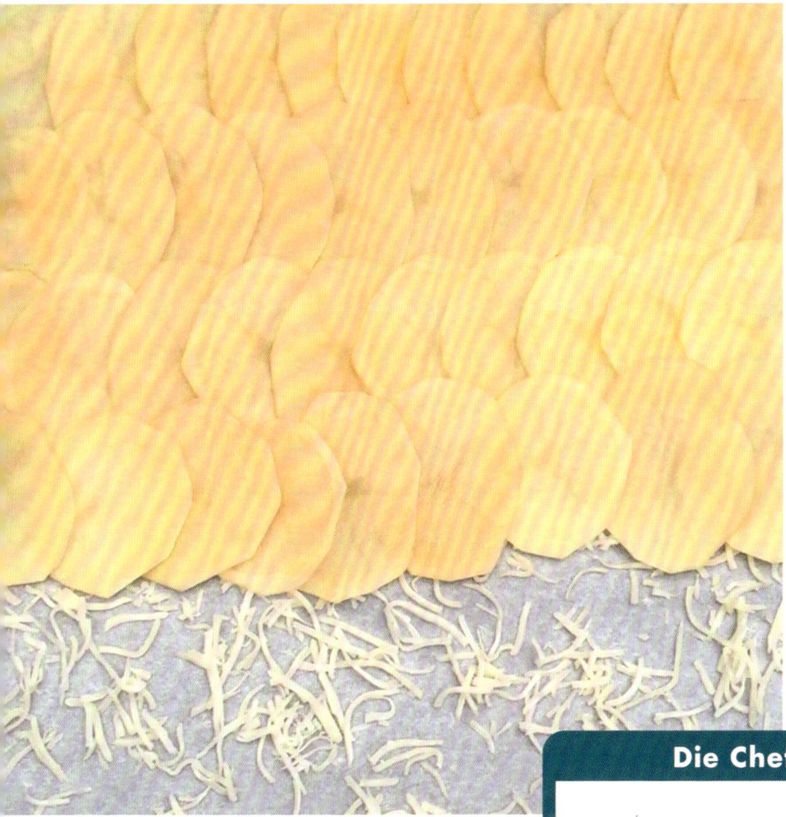

Die Chefclub-Idee

EIN KARTOFFELAUFLAUF IN FORM EINER ROLLE

BOEUF-BOURGUIGNON-KLÖSSE

MIT VORZÜGLICHER FÜLLUNG … À LA FRANÇAISE!

4 PERSONEN

ZUBEREITUNG

15 Minuten

GARZEIT

40 Minuten in der Pfanne
20 Minuten im Wasser
5 Minuten frittieren
15 Minuten im Ofen

ZUTATEN

2 Karotten
1 Zwiebel
500 g Rinderhackfleisch
250 ml Rotwein
500 g Kartoffeln
1 Ei
30 g Mehl
9 Scheiben Emmentaler
Olivenöl
Pflanzenöl
Salz und Pfeffer

MATERIAL

1 Schale
1 Pfanne mit hohem Rand
1 Auflaufform
Frischhaltefolie

1 Karotten und Zwiebeln sehr klein schneiden und mit etwas Olivenöl, dem Hackfleisch, Salz und Pfeffer anbraten. Rotwein hinzufügen (1), mischen und 30 Minuten köcheln lassen.

2 Die Kartoffeln schälen und in Salzwasser garen. Dann zu Püree zerdrücken und ein Ei unterheben. Eine Schale mit Frischhaltefolie auslegen und die Schale anschließend mit dem Püree auskleiden. 1 EL Fleisch in die Mitte des Pürees geben (2), dann die Frischhaltefolie mit dem Püree fest über der Fleischfüllung verschließen und andrücken. Auf diese Weise insgesamt 9 Klöße formen.

3 Nach dem Formen der Boeuf-Bourguignon-Klöße die Frischhaltefolie abziehen, die Klöße in Mehl wenden und in einer Pfanne mit hohem Rand frittieren.

4 Die frittierten Klöße in eine Auflaufform legen (3) und jeweils mit einer Scheibe Emmentaler belegen. 15 Minuten bei 180 °C im Ofen backen und servieren (4).

CHEFCLUB-TIPP

Für ein etwas anderes Geschmackserlebnis tauschen Sie in diesem Rezept die Kartoffeln gegen Süßkartoffeln aus. Auch so sind die Klöße ein wahrer Gaumenschmaus!

Video ansehen und Klöße nachformen

DAS REZEPT ALS VIDEO

Scannen Sie den QR Code oder tippen Sie 12521 in die Chefclub App

2

Die Chefclub-Idee

BOEUF BOURGUIGNON IN FRITTIERTEN KARTOFFELKNÖDELN

3

4

Aber ja doch!
Natürlich ist da noch ein Plätzchen frei!

FREUNDE

KEBAB-SPIESS

HAUSGEMACHTER DÖNER IST EINFACH SCHÖNER

6 PERSONEN

ZUBEREITUNG
15 Minuten

GARZEIT
40 Minuten im Ofen

RUHEZEIT
4 Stunden im Kühlschrank

ZUTATEN

4 Naturjoghurts
½ Zitrone
1 EL Viergewürz-Mischung
1 EL Paprikapulver
10 Hähnchenfilets
1 dicke rote Zwiebel
7 Tomaten
1 kg Tiefkühl-Pommes-frites
12 Pita-Brote
Salat
Petersilie
Salz
Diverse Soßen

MATERIAL

5 große Spieße
1 Backblech
Frischhaltefolie
Backpapier

1 Die Joghurts mit dem Saft einer halben Zitrone mischen. Fein geschnittene Petersilie, Viergewürz-Mischung (1), Paprikapulver und Salz hinzufügen und gut durchmischen. Die Hähnchenfilets waagerecht halbieren, in eine Auflaufform legen und mit der Joghurt-Marinade übergießen (2). Mit Frischhaltefolie abdecken (3) und 4 Stunden kalt stellen.

2 Das obere Viertel der Zwiebel abschneiden. Auf ein mit Backpapier belegtes Backblech stellen und 5 Spieße gebündelt hineinstecken, sodass ein Standfuß entsteht (4). Die Hähnchenfilets eins nach dem anderen aufspießen (5) und mit einer Tomatenhälfte abschließen (6).

3 Tiefgekühlte Pommes frites um den Kebab herum platzieren (7) und 40 Minuten bei 180 °C im Ofen backen.

4 Die Pita-Brote mit Soße, Tomatenscheiben, Salat, Zwiebelstückchen und Fleisch bestücken und dann servieren (8-9).

CHEFCLUB-TIPP

Die Marinade hält sich 7 Tage im Kühlschrank. Sie können Sie also bereits vorab zubereiten. Falls etwas übrigbleibt, können Sie die Soße mitsamt Fleisch auch einfrieren. Achten Sie dabei darauf, die Luft vollständig aus dem Gefrierbeutel herauszudrücken. Holen Sie das marinierte Fleisch morgens aus dem Gefrierfach heraus, um es abends zuzubereiten.

Dank Video zu einem professionnellem Kebab-Spieß

DAS REZEPT ALS VIDEO
Scannen Sie den QR Code oder tippen Sie 08569 in die Chefclub App

Die Chefclub-Idee

EIN SELBST GEMACHTER PUTEN-KEBAB

WÜRSTCHEN-WAFFELN

EIN TURM ZUM TEILEN

4 PERSONEN

ZUBEREITUNG
20 Minuten

GARZEIT
25 Minuten im Waffeleisen (5 Minuten pro Füllung)

ZUTATEN
15 Würstchen
4 Eier
300 g geriebener Cheddar-Käse
250 ml Bier

MATERIAL
1 Büroklammer
1 Waffeleisen

1 Die Würstchen mithilfe einer großen Büroklammer in lange Streifen schneiden (1-3). Diese Streifen mit den Eiern vermischen (4-5) und in kleinen Mengen 5 Minuten lang im Waffeleisen backen, um so viele Waffeln wie möglich zu erhalten (6-7).

2 Die Waffeln zu einem Turm stapeln. Den Cheddar-Käse in Bier schmelzen (8), über den Waffelturm gießen und servieren (9).

CHEFCLUB-TIPP
Damit die Waffeln eine schöne Form annehmen, gießen Sie nach dem Einfüllen der Würstchenstreifen noch etwas mehr Rührei ins Waffeleisen. Sehen Sie dafür 1 zusätzliches Ei pro Waffel vor.

Trickreiche Schnitttechnik für Würstchen im Video

DAS REZEPT ALS VIDEO
Scannen Sie den QR Code oder tippen Sie 42907 in die Chefclub App

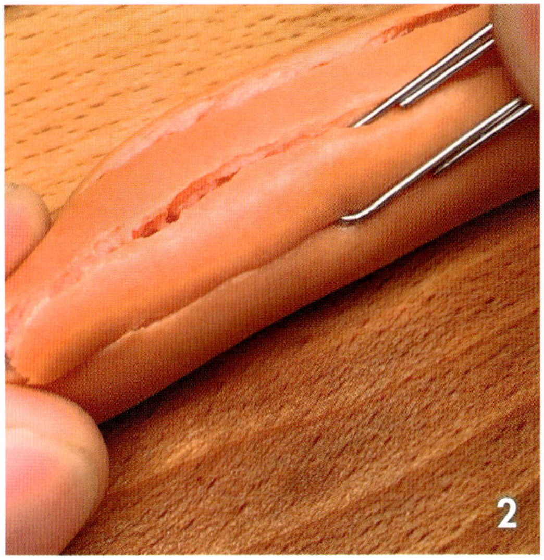

Die Chefclub-Idee

WÜRSTCHEN-OMELETTS AUS DEM WAFFELEISEN

CAMEMBERT-FONDUE

DA BLEIBT KEIN BISSEN ÜBRIG

6 PERSONEN

ZUBEREITUNG
15 Minuten

GARZEIT
1 Stunde im Ofen

ZUTATEN
4 Camemberts
2 Pizzateige
500 g Kartoffeln (Drillinge)
Olivenöl
Kräuter der Provence
Petersilie
Salz und Pfeffer

MATERIAL
1 Auflaufform

1 Bei drei der vier Camemberts die obere und untere Kruste abschneiden (1), beim vierten Camembert lediglich die obere. Die Camemberts aufeinandersetzen, dabei darauf achten, dass der Camembert mit der verbliebenen Kruste unten ist.

2 Den Käse-Turm mit 2 Pizzateigen umwickeln (2-3) und in die Mitte einer Auflaufform stellen. Die Kartoffeln um den Käse-Turm herum verteilen, mit ein wenig Olivenöl beträufeln und mit Salz, Pfeffer und Kräutern der Provence würzen. 1 Stunde bei 140 °C im Ofen backen.

3 Aus dem Ofen herausnehmen, die obere Teigschicht abschneiden, mit klein geschnittener Petersilie und Pfeffer dekorieren, dann servieren und die Kartoffeln in den geschmolzenen Käse tunken (4).

CHEFCLUB-TIPP
Um die Kruste des Camemberts ganz leicht abschneiden zu können, legen Sie den Käse zuvor 10 Minuten ins Gefrierfach. So gelingt Ihnen ein präziser und gerader Schnitt. Und falls Sie ein absoluter Käseliebhaber sind, dann schneiden Sie doch die abgeschnittenen Krusten in kleine Stückchen und verteilen Sie diese auf den Kartoffeln. So erwartet Sie ein doppeltes Käsevergnügen!

Im Video ansehen, wie der Käse ideal einngerollt wird

DAS REZEPT ALS VIDEO
Scannen Sie den QR Code oder tippen Sie 68298 in die Chefclub App

Die Chefclub-Idee

CAMEMBERT-FONDUE IM PIZZATEIG-MANTEL

KÄSE-SCHINKEN-RÖLLCHEN

DIE MÜSSEN SIE SICH SCHNAPPEN, DIESE HAPPEN!

10 PERSONEN

ZUBEREITUNG
45 Minuten

GARZEIT
15 Minuten im Ofen

ZUTATEN
3 Packungen Toastbrot
10 Scheiben Schinken
10 Scheiben Emmentaler
300 g geriebener Gruyère-Käse
200 ml Béchamelsoße
Petersilie
Salz und Pfeffer

MATERIAL
1 Schneidebrett
1 Tarteform (Ø 32 cm)
1 kleine Auflaufform

1 Die Toastbrotscheiben mithilfe eines Schneidebretts plattieren und zu Spitztütchen aufrollen (1). Die Spitze der Tütchen gut andrücken.

2 Schinken und Emmentaler in kleine Stücke schneiden und die Tütchen damit bestücken (2). Eine kleine Auflaufform in die Mitte der Tarteform stellen und eine erste Schicht Käse-Schinken-Röllchen drumherum anordnen (3).

3 Mit geriebenem Gruyère-Käse bestreuen. Auf diese Weise insgesamt drei Schichten Röllchen anordnen, dann 15 Minuten bei 180 °C im Ofen backen.

4 In einer Schale Béchamelsoße, gehackte Petersilie, Salz und Pfeffer miteinander mischen. Spitztütchen mit Dip servieren und genießen (4).

CHEFCLUB-TIPP
Falls Sie es gerne deftiger mögen, dann schlagen Sie doch noch Wachteleier in einige Tütchen auf, bevor Sie sie mit Schinken und Käse befüllen. Das sorgt zudem für einen zusätzlichen Überraschungseffekt!

Zweifel beim Einrollen? Hilfe finden Sie im Video

DAS REZEPT ALS VIDEO
Scannen Sie den QR Code oder tippen Sie 89212 in die Chefclub App

Die Chefclub-Idee

APERITIF-HÄPPCHEN IN TÜTCHEN-FORM

RACLETTE-DIP

IM KNUSPRIGEN SCHINKEN-SCHÄLCHEN

6 PERSONEN

ZUBEREITUNG

20 Minuten

GARZEIT

40 Minuten im Ofen
5 Minuten frittieren
5 Minuten in der Pfanne

ZUTATEN

12 Scheiben roher Schinken
10 dicke Kartoffeln
250 g Raclette-Käse
Gewürzgurken
Pflanzenöl
Paprikapulver
Rosmarin
Petersilie
Salz

MATERIAL

1 Salatschüssel
1 Pfanne mit hohem Rand

1 Die Salatschüssel umdrehen und mit rohem Schinken belegen (1-3). 40 Minuten bei 130 °C im Ofen backen. Abkühlen lassen und Schinken ablösen (4).

2 Die Kartoffeln der Länge nach halbieren und dann jede Hälfte in dicke Pommes frites schneiden (5). In einer Pfanne mit hohem Rand frittieren, bis sie eine schöne goldgelbe Farbe angenommen haben.

3 Die Pommes frites abtropfen lassen und in die Schinken-Schale legen. Mit Paprikapulver, Rosmarin und Salz würzen (6), dann gut durchmischen.

4 Den Raclette-Käse schmelzen und über die Pommes frites gießen (7-8). Mit Gürkchen-Scheiben und Petersilie garnieren, dann servieren (9).

CHEFCLUB-TIPP

Raclette-Käse kann man ganz einfach und schnell in der Mikrowelle schmelzen. Hierbei muss allerdings ein kleines Detail beachtet werden: Geben Sie den Käse in eine Schale und stellen Sie ein kleines Glas Wasser daneben. Stellen Sie die Mikrowelle auf die höchste Stufe ein, und der Käse schmilzt, ohne zu explodieren.

Mit dem Video zur perfekten Schinken-Schale

DAS REZEPT ALS VIDEO

Scannen Sie den QR Code oder tippen Sie 95560 in die Chefclub App

Die Chefclub-Idee

RACLETTE ALS FINGERFOOD IM ESSBAREN SCHÄLCHEN

GEMUSTERTE BLÄTTERTEIGTEILCHEN

EIN GAUMEN- UND AUGENSCHMAUS ZUGLEICH

6 PERSONEN

ZUBEREITUNG

25 Minuten

GARZEIT

10 Minuten im Ofen

ZUTATEN

2 rechteckige Blätterteige
3 EL Crème fraîche
1 Scheibe Schinken
3 EL Tomatensoße
5 Kirschtomaten
50 g geriebener Mozzarella
50 g Roquefort-Käse
50 g geriebener Parmesan
3 Eier
2 Eigelbe
Oregano
Basilikum
Schnittlauch
Pfeffer

MATERIAL

1 leere Limoflasche
1 Backblech
Backpapier

1 Beide Blätterteige in 6 Quadrate schneiden. In die Mitte dreier Quadrate 1 EL Crème fraîche geben (1), leicht pfeffern und mit quadratisch zugeschnittenem Schinken belegen (2). Auf die anderen Quadrate Tomatensoße geben, dann mit Oregano, 3 halben Kirschtomaten (3), Mozzarella, Roquefort-Würfeln und Parmesan bestücken.

2 Den Boden der Limoflasche (4) sowie einen Streifen aus der Mitte der Flasche abschneiden. Den Streifen mittig falten, die Enden nach innen biegen und so zusammenkleben, dass sich ein Herz ergibt (5). Mit dem Boden der Flasche aus drei Teig-Quadraten eine Blume ausstechen. Für die anderen Quadrate das Herz verwenden (6). Die Blumen auf den Schinken legen (7), die Herzen auf den Käse.

3 Alle Teilchen auf ein mit Backpapier belegtes Backblech legen und in jede Blume ein Ei aufschlagen. Die Ränder abschneiden, damit sie gut zusammenhalten. Den Teig mit Eigelb bestreichen und 10 Minuten bei 190 °C im Ofen backen. Die Käse-Teilchen mit Basilikumblättern und die Schinken-Teilchen mit klein geschnittenem Schnittlauch verzieren (8-9). Warm servieren.

CHEFCLUB-TIPP

Schneiden Sie 4 Korken auf 2 cm Größe zu und platzieren Sie diese in den Ecken Ihres Backblechs. Stellen Sie ein zweites Backblech auf die Korken und schieben Sie beide Bleche in den Ofen. So werden Ihre Blätterteigteilchen alle gleich hoch.

Jeden Schnitt im Video mitverfolgen

DAS REZEPT ALS VIDEO

Scannen Sie den QR Code oder tippen Sie 92763 in die Chefclub App

Die Chefclub-Idee

SELBST GEMACHTE AUSSTECHFÖRMCHEN FÜR MINI-BLÄTTERTEIGTEILCHEN

WÜRZIGE CHURRO-NESTER

SCHLEMMER-HÄPPCHEN FÜR GENIESSER

6 PERSONEN

ZUBEREITUNG

30 Minuten

GARZEIT

5 Minuten frittieren
15 Minuten im Ofen

RUHEZEIT

3 Stunden im Gefrierfach

ZUTATEN

600 g Kartoffeln
3 Eier
200 g Mehl
4 EL Olivenöl
100 g Reblochon-Käse
1 rote Zwiebel
100 g Crème fraîche
100 g Speckwürfel
Pflanzenöl

MATERIAL

1 Muffinform
1 Spritzbeutel

1 Die Kartoffeln schälen, in Salzwasser garen und anschließend zu Püree zerdrücken (1). Eier unterheben, Mehl und Olivenöl hinzugeben und gut durchmischen.

2 Die Mischung in einen Spritzbeutel füllen (2). Die Muffinbackform umdrehen. Die Kartoffelmischung mit dem Spritzbeutel um die einzelnen Förmchen herum auftragen (3), sodass kleine Nester entstehen (4). 3 Stunden im Gefrierfach kalt stellen.

3 Anschließend die Nester von der Backform lösen und in Pflanzenöl frittieren, bis sie goldbraun sind (5).

4 Jedes Churro-Nest mit gewürfeltem Reblochon-Käse und kleinen Zwiebelstückchen, 1 EL Crème fraîche (6-7) und einigen zuvor angebratenen Speckwürfeln garnieren. 15 Minuten bei 180 °C im Ofen backen und warm servieren (8-9).

CHEFCLUB-TIPP

Wenn Sie keine Muffinform besitzen, können Sie auch kleine Glasschälchen verwenden. Diese lassen sich auch einfacher ins Gefrierfach stellen. Das Resultat ist dasselbe.

Schauen Sie sich das Video an und formen Sie die Nester

DAS REZEPT ALS VIDEO
Scannen Sie den QR Code oder tippen Sie 01981 in die Chefclub App

Die Chefclub-Idee

MIT KÄSE GEFÜLLTE KARTOFFEL-CHURROS

CHEESEBURGER-PIZZA

DAS GIPFELTREFFEN ZWEIER GIGANTEN

8 PERSONEN

ZUBEREITUNG
15 Minuten

GARZEIT
15 Minuten im Ofen

ZUTATEN
1 Pizzateig
350 g Rinderhackfleisch
200 ml Tomatensoße
1 Kugel Mozzarella
½ rote Paprika
½ gelbe Paprika
½ grüne Paprika
½ rote Zwiebel
3 Scheiben Cheddar-Käse
Oregano
Salz und Pfeffer

MATERIAL
1 Backblech
Backpapier

1 Den Pizzateig auf einem mit Backpapier belegten Backblech ausrollen. 8 Hackbällchen formen und diese im Kreis auf dem Rand des Pizzateigs anordnen. Die Bällchen leicht flach drücken, salzen und pfeffern. Den Pizzateig zwischen den einzelnen Bällchen nach innen ziehen, sodass sich eine Blumenform ergibt (1).

2 Dann die Tomatensoße in die Mitte des Teigs gießen und die Mozzarella-Scheiben darauflegen. Die Paprikas und die Zwiebel in Streifen schneiden und diese strahlenförmig (2) auf dem Mozzarella platzieren. Die Cheddar-Scheiben vierteln und je ein Scheibchen auf jedes Hackbällchen legen (3).

3 Mit Oregano bestreuen und die Pizza 15 Minuten bei 210 °C im Ofen backen. Warm servieren (4).

CHEFCLUB-TIPP
Die Farben der Paprikas stehen nicht etwa für verschiedene Sorten, sondern unterschiedliche Reifegrade. Im Gegensatz zu den roten Paprikas sind die grünen noch unreif. So kommt es auch, dass die roten, sehr reifen Paprikas weitaus süßer schmecken!

Teig falten, wie im Video gezeigt

DAS REZEPT ALS VIDEO
Scannen Sie den QR Code oder tippen Sie 55198 in die Chefclub App

Die Chefclub-Idee

EINE PIZZA AUS MINI-CHEESEBURGERN

CHEFCLUB-CURRYWURST

HIER WERDEN POMMES IN IHRE SCHRANKEN GEWIESEN

8 PERSONEN

ZUBEREITUNG

35 Minuten

GARZEIT

15 Minuten im Wasser
10 Minuten im Ofen

ZUTATEN

32 Würstchen
20 ml Pflanzenöl
200 ml Ketchup
20 Kartoffeln
4 g (ca) Currypulver
Olivenöl
Salz und Pfeffer

MATERIAL

Zahnstocher
1 Pinsel
Backpapier
Backblech

1 Am linken und rechten Ende jedes Würstchens ein kleines Quadrat ausschneiden (1). Dann die Würstchen paarweise übereinander stapeln, dabei die Enden jeweils in die Kerben legen, sodass eine Art Gerüst entsteht (2). Die zuvor ausgeschnittenen Quadrate auf Zahnstocher aufspießen und diese auf das Gerüst stecken.

2 Pflanzenöl, 100 ml Ketchup und die Hälfte des Currypulvers mischen. Das Würstchen-Gerüst mit der Mischung bestreichen. Die Kartoffeln schälen, zu Pommes frites zuschneiden und in Salzwasser vorgaren.

3 Das Würstchen-Gerüst auf ein mit Backpapier belegtes Backblech stellen und die Pommes frites rundherum verteilen (3). Die Pommes frites mit Olivenöl beträufeln, dann 10 Minuten bei 180 °C im Ofen backen. Die Pommes frites salzen, pfeffern und mit einer Prise Currypulver bestreuen, dann in die Mitte der Würstchen geben. Mit restlichem Ketchup und Currypulver servieren (4).

CHEFCLUB-TIPP
Um einen würzigen Ketchup herzustellen, der hervorragend zu Currywurst passt, mischen Sie eine klein geschnittene Zwiebel mit herkömmlichem Ketchup, Worcestersoße, Rinder-Bruhwürfel und ein bisschen Wasser, bis die gewünschte Konsistenz erreicht ist.

Die Anleitung für einen stabilen Turm im Video

DAS REZEPT ALS VIDEO
Scannen Sie den QR Code oder tippen Sie 02600 in die Chefclub App

Die Chefclub-Idee

EINE POMMESBUDE AUS WÜRSTCHEN

CRÊPE-GRATIN

RACLETTE FÜR FORTGESCHRITTENE

8 PERSONEN

ZUBEREITUNG
30 Minuten

GARZEIT
20 Minuten in der Pfanne
20 Minuten im Wasser
15 Minuten im Ofen

ZUTATEN
250 g Mehl
3 Eier
30 g Butter
500 ml Milch
1 kg Kartoffeln
15 Scheiben roher Schinken
36 Scheiben Raclette-Käse
Gewürzgurken

MATERIAL
1 rechteckige Form

1 Den Crêpeteig wie folgt zubereiten: Mehl, Eier und geschmolzene Butter mit dem Schneebesen schlagen. Die Milch nach und nach hinzufügen, um Klümpchenbildung zu vermeiden. In einer Pfanne 10 Crêpes zubereiten, je 2 Minuten pro Seite (1). Die Form mit 6 Crêpes auslegen. Dabei die Hälfte jedes Crêpes am Rand überstehen lassen (2).

2 Die Kartoffeln schälen, im Salzwasser garen und in Scheiben schneiden. Dann die Hälfte auf den Crêpes verteilen (3). Die Hälfte der Schinkenscheiben auf die Kartoffeln legen (4), danach mit der Hälfte der Raclette-Käse-Scheiben bedecken (5). Zwei Crêpes in die Mitte legen (6).

3 Erneut je eine Schicht Kartoffeln, rohen Schinken und Raclette-Käse-Scheiben auftragen. Zwei Crêpes in die Mitte legen, dann die überstehenden Crêpes zur Mitte hin umschlagen (7). Bei 200 °C 15 Minuten backen und mit Gewürzgurken-Scheibchen servieren (8 -9).

CHEFCLUB-TIPP
Crêpeteig sollte man immer 1 Stunde bei Raumtemperatur ruhen lassen. So erhält der Teig eine bessere Konsistenz. Wenn Sie diese Zeit einmal nicht haben, benutzen Sie warme anstatt kalte Milch. Das klappt auch ganz hervorragend!

Alle Schritte des Gratins im Video vorgemacht

DAS REZEPT ALS VIDEO
Scannen Sie den QR Code oder tippen Sie 81536 in die Chefclub App

Die Chefclub-Idee

EIN RACLETTE IN FORM EINES CRÊPE-GRATINS

BRIE-KÄSE IN BLÄTTERTEIGKRUSTE

DIESES OFENGERICHT WÄRMT VON INNEN

6 PERSONEN

ZUBEREITUNG

30 Minuten

GARZEIT

20 Minuten in der Pfanne
20 Minuten im Ofen

ZUTATEN

1 Brie-Käse mit 20 cm Durchmesser
330 ml Béchamelsoße
500 g Hörnchennudeln
100 g Speckwürfel
2 Blätterteige
2 Eigelbe
Petersilie
Salz und Pfeffer

MATERIAL

1 Backblech
Backpapier

1 Die obere Kruste des Brie-Käses etwa 2 mm dick abschneiden (1) und den Käse mithilfe eines Löffels aushöhlen (2). Das Innere des Käses in Béchamelsoße schmelzen, dann die Hörnchennudeln in dieser Mischung kochen (3). Anschließend gehackte Petersilie, Salz und Pfeffer hinzugeben.

2 Die Mischung in den ausgehöhlten Brie-Käse gießen (4), mit angebratenen Speckwürfeln bedecken (5) und die abgeschnittene Kruste wieder auf den Käse legen (6).

3 Den Brie-Käse dann mit zwei Blätterteigen umwickeln, den Teig mit Eigelb bestreichen und mit einer Messerspitze ein kurvenförmiges Muster einritzen (7). Auf ein mit Backpapier bedecktes Backblech legen und 20 Minuten bei 180 °C im Ofen backen. Warm servieren (8-9).

CHEFCLUB-TIPP

Dieses Rezept funktioniert mit allen Nudelsorten. Und sollten Sie merken, dass Sie nicht genügend Flüssigkeit haben, um die Nudeln zu garen, zögern Sie nicht, einen halben Hühner-Brühwürfel und ein großes Glas Wasser hinzuzufügen.

Im Video finden Sie den goldenen Schnitt

DAS REZEPT ALS VIDEO

Scannen Sie den QR Code oder tippen Sie 55909 in die Chefclub App

Die Chefclub-Idee

EIN RIESIGER BRIE-KÄSE MIT PASTA-FÜLLUNG

HACKSTEAK XXL

DAS ERSTE HACKSTEAK ZUM TEILEN

6 PERSONEN

ZUBEREITUNG
30 Minuten

GARZEIT
10 Minuten im Ofen
20 Minuten in der Pfanne

ZUTATEN
20 Scheiben Bacon
800 g Rinderhackfleisch
2 Zwiebeln
300 g geriebener Mozzarella
300 g geriebener Cheddar-Käse
2 Baguettes
Petersilie
Paprikapulver
Salz und Pfeffer

MATERIAL
Backpapier

1 Die Bacon-Streifen miteinander verflechten (1-2), dann mithilfe eines Tellers scheibenförmig zuschneiden (3). 10 Minuten bei 170 °C backen.

2 Das Hackfleisch mit Paprikapulver, Salz und Pfeffer würzen und daraus zwei gleichgroße Scheiben formen (4). Diese auf ein Stück Backpapier legen.

3 Zwiebeln klein schneiden und anbraten. Eine Schicht Zwiebeln auf eine der Hackfleisch-Scheiben geben. Mozzarella, Cheddar-Käse und Petersilie darüberstreuen. Das Bacon-Geflecht darauflegen (5) und eine weitere Schicht Zwiebeln gefolgt von Mozzarella, Cheddar-Käse und Petersilie auftragen.

4 Mit der zweiten Hackfleisch-Scheibe bedecken (6). Den Rand andrücken und das XXL-Steak verschließen. Auf jeder Seite etwa 5 Minuten scharf anbraten (7). In 6 Teile schneiden (8) und mit Tomaten und Salat in einem Sandwich servieren (9).

CHEFCLUB-TIPP
Für perfekt gebratene Zwiebeln sollten Sie die Zwiebeln sofort salzen, nachdem Sie sie in die Pfanne gegeben haben. Das Salz entzieht den Zwiebeln das Wasser und intensiviert ihren Geschmack.

Befüllen Sie das Steak, wie im Video gezeigt

DAS REZEPT ALS VIDEO
Scannen Sie den QR Code oder tippen Sie 31439 in die Chefclub App

Die Chefclub-Idee

EIN GIGANTISCHES HACKSTEAK MIT SCHLEMMERFÜLLUNG

PRALINEN-KROKETTEN

EIN KROSSER UND KNUSPRIGER KNABBERSPASS

8 PERSONEN

ZUBEREITUNG
20 Minuten

GARZEIT
20 Minuten im Wasser
5 Minuten frittieren

ZUTATEN
8 Kartoffeln
1 Ei
12 Scheiben Emmentaler
6 Scheiben Schinken
100 g Mehl
3 Eigelbe
150 g Paniermehl
Pflanzenöl
Salz und Pfeffer

MATERIAL
1 Pfanne mit hohem Rand

1 Die Kartoffeln schälen, in Salzwasser garen und anschließend zu Püree zerdrücken. Ein Ei unterheben, salzen und pfeffern.

2 2 Scheiben Emmentaler nebeneinander auf eine Scheibe Schinken legen. Auf die gleiche Weise die übrigen Scheiben Schinken und Käse stapeln.

3 Die Teile des Schinkens, die über den Käse ragen, abschneiden, sodass ein Rechteck entsteht (1). Das große Rechteck in kleine, gleich große Würfel schneiden.

4 Jeden Würfel mit Püree umschließen (2) und panieren. Dazu nacheinander in Mehl, geschlagenen Eigelben und Paniermehl wenden. Die Würfel in einer Pfanne mit hohem Rand frittieren, bis sie goldbraun sind (3) und dann warm servieren (4).

CHEFCLUB-TIPP
Was auch immer Sie mit Ihren Kartoffeln vorhaben, der Kochprozess sollte in kaltem, gesalzenem Wasser beginnen. Die Kartoffeln werden so beim Eintauchen ins Wasser weniger angegriffen und nehmen das Wasser besser auf.

Dank Video werden Ihnen die perfekten Kroketten gelingen

DAS REZEPT ALS VIDEO
Scannen Sie den QR Code oder tippen Sie 60603 in die Chefclub App

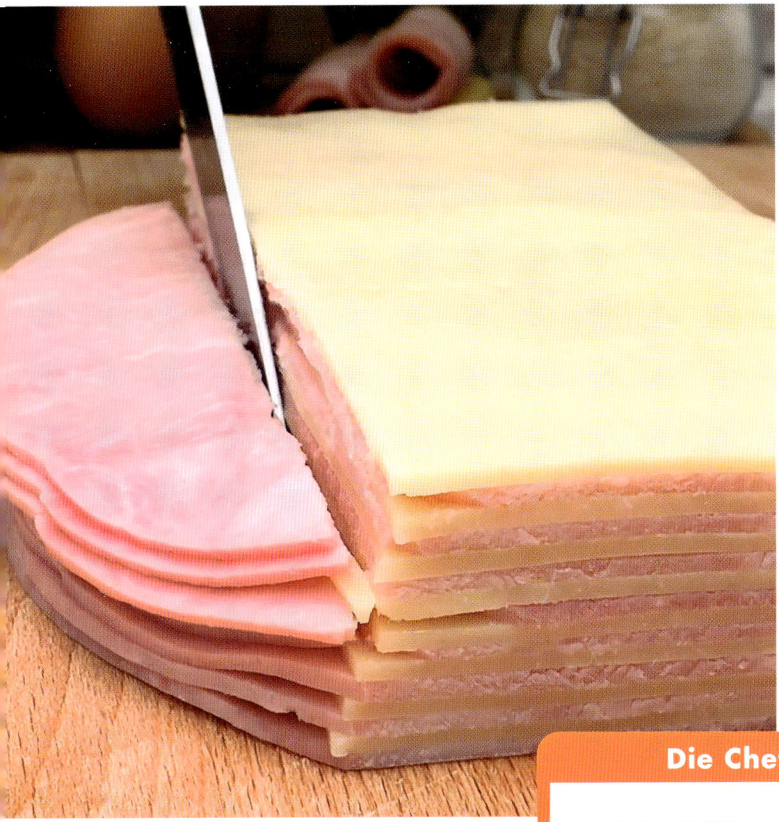

2

Die Chefclub-Idee

KROKETTEN-HÄPPCHEN MIT SCHINKEN-KÄSE-FÜLLUNG

3

4

SCHNITZEL-PARTY

ESSEN SIE DOCH EINFACH DEN GANZEN TELLER AUF!

6 PERSONEN

ZUBEREITUNG
40 Minuten

GARZEIT
10 Minuten frittieren
20 Minuten im Wasser

RUHEZEIT
2 Stunden im Gefrierfach

ZUTATEN
8 Putenschnitzel
100 g Mehl
3 Eier
100 g Paniermehl
1 Salatgurke
4 EL Crème fraîche
300 g Kartoffeln
150 ml Hühnerbrühe
4 Gewürzgurken
1 Zitrone
Pflanzenöl
Frühlingszwiebeln
Dill, Salz und Pfeffer

MATERIAL
1 Nudelholz
1 Salatschüssel
1 Muffinform
Frischhaltefolie

1 Die Putenschnitzel mit einem Nudelholz plattieren. Die umgedrehte Salatschüssel mit Frischhaltefolie abdecken und mit 3 Putenschnitzeln belegen (1). Aus den restlichen Schnitzeln mithilfe einer umgedrehten Muffinform kleine Schälchen formen. Zwei einzelne Förmchen mit je einem Schnitzel bedecken. Mit zwei weiteren Schnitzeln ein Doppelschälchen belegen. Ein Schnitzel halbieren und mit den Schnitzelhälften den Rand des Doppelschälchens verstärken (2).

2 Die einzelnen Schälchen von der Form lösen und panieren. Dazu in Mehl (3), geschlagenen Eiern und Paniermehl wenden. Frittieren (4) und gut abtropfen lassen (5).

3 Die Salatgurke in dünne Scheiben schneiden und mit Crème fraîche, Dill, Salz und Pfeffer mischen (6). Die Kartoffeln schälen, in Salzwasser garen, abtropfen lassen und in Scheiben schneiden. Die Hühnerbrühe über die Kartoffeln gießen und klein geschnittene Frühlingszwiebeln, Gerwürzgurken-Scheibchen, Salz und Pfeffer hinzugeben.

4 Gurken- und Kartoffelsalat in die große Schnitzel-Schüssel (7) und das Doppel-Schälchen füllen. Je eine Zitronenhälfte in die verbleibenden zwei Schnitzel-Schälchen legen. Mit Zitronensaft verfeinert servieren (8-9).

CHEFCLUB-TIPP
Die Schnitzel-Schälchen lassen sich einfacher von der Muffinform lösen, wenn Sie die Form vorher mit Frischhaltefolie abdecken.

Folgen Sie den Schritten im Video für die Schnitzel

DAS REZEPT ALS VIDEO
Scannen Sie den QR Code oder tippen Sie 83564 in die Chefclub App

Die Chefclub-Idee

EINE SALATSCHÜSSEL ZUM ANBEISSEN

SONNEN-KÄSE

DER KÖNIG UNTER DEN VORSPEISEN

6 PERSONEN

ZUBEREITUNG

40 Minuten

GARZEIT

10 Minuten in der Pfanne
20 Minuten im Ofen

ZUTATEN

3 Blätterteige
6 TL Crème fraîche
200 g Speckwürfel
1 Zwiebel
1 Reblochon-Käse
3 Eigelbe

MATERIAL

1 Backblech
Backpapier

1 Einen Blätterteig vierteln. In jeden der vier Teile je 3 pfeilförmige Schlitze einschneiden, die parallel zu den geraden Kanten verlaufen (1). In die Mitte jedes Teils 1 TL Crème fraîche geben. Die Zwiebel klein schneiden und mit den Speckwürfeln anbraten. Dann auf der Crème fraîche platzieren (2). Die Ränder fest übereinanderschlagen (3), sodass ein Dreieck entsteht (4). Die Schritte mit der Hälfte eines Blätterteiges erneut durchführen, um 2 weitere gefüllte Dreiecke zu erhalten.

2 Den Reblochon-Käse in die Mitte des letzten Blätterteigs legen. Den Teig mit einem Messer zuerst schneckenförmig zuschneiden (5), danach strahlenförmig von innen nach außen einschneiden, sodass Streifen entstehen. Diese über den Reblochon-Käse falten, um eine spiralförmige Optik zu erzielen. Dabei mit dem kürzesten Streifen anfangen (6-7).

3 Die Dreiecke auf einem mit Backpapier belegten Backblech um den Reblochon-Käse herum legen, mit Eigelb bestreichen (8) und 20 Minuten bei 210 °C im Ofen backen. Danach den Teig über dem Käse abschneiden und die Dreiecke in den geschmolzenen Käse dippen (9).

CHEFCLUB-TIPP

Um den Speckwürfeln Fett zu entziehen, legen Sie sie in eine mit Küchenpapier ausgelegte Schale. Erhitzen Sie die Speckwürfel dann zwei Minuten auf höchster Stufe in der Mikrowelle. So erhalten Sie fettarme und knusprige Speckwürfel.

Video anschauen und Teig zuschneiden

DAS REZEPT ALS VIDEO

Scannen Sie den QR Code oder tippen Sie 65382 in die Chefclub App

Die Chefclub-Idee

EINE ELEGANTE UND FESTLICHE VORSPEISE

DAS WELSH-CLUB-SANDWICH

EINE SPEZIALITÄT AUS DEM HOHEN NORDEN MIT CHEFCLUB-SPEZIALSOSSE

6 PERSONEN

ZUBEREITUNG
15 Minuten

GARZEIT
10 Minuten in der Pfanne
10 Minuten im Ofen

ZUTATEN
18 Scheiben Toastbrot
12 Scheiben Schinken
500 g Cheddar-Käse
250 ml Bier
6 Eier
Schnittlauch

MATERIAL
1 Backblech
1 Glas

1 6 Scheiben Toastbrot auf ein Backblech legen und auf jedes Toastbrot 1 Scheibe Schinken legen.

2 Jedes Brot dann mit einer weiteren Scheibe Toastbrot und einer weiteren Scheibe Schinken belegen. Mithilfe eines Glases die Mitte der restlichen Toastbrotscheiben ausstechen (1) und diese gelochten Scheiben auf den Schinken legen.

3 Cheddar-Käse in einen Topf geben, mit Bier übergießen (2) und schmelzen. Gut durchmischen und die Käsemasse zwischen die Brotscheiben auf das Backblech gießen (3). Eier in die gelochten Brotscheiben aufschlagen und mit klein geschnittenem Schnittlauch bestreuen. 10 Minuten bei 180 °C im Ofen backen und warm servieren (4).

CHEFCLUB-TIPP
Bier sagt Ihnen nicht zu? Dann nehmen Sie einfach Weißwein! Der verleiht diesem Gericht einen Hauch von Käsefondue.

Im Video sehen Sie, wie Sie mit den Toastscheiben umgehen müssen

DAS REZEPT ALS VIDEO
Scannen Sie den QR Code oder tippen Sie 24007 in die Chefclub App

Die Chefclub-Idee

WELSH RAREBIT TRIFFT AUF CROQUE MADAME

Diese Gerichte kommen von Herzen!

LIEBE

ZWIEBEL-KÜCHLEIN

CREMIG GEFÜLLTE ZWIEBELN MIT BISS

2 PERSONEN

ZUBEREITUNG
20 Minuten

GARZEIT
10 Minuten in der Pfanne
20 Minuten im Ofen

ZUTATEN
2 Zwiebeln
400 g Speckwürfel
2 Pizzateige
150 g Quark
1 Ei
50 g geriebener Mozzarella
Salz und Pfeffer

MATERIAL
1 Nudelholz
Backpapier

1 Die Zwiebeln schälen und oben und unten ein Stück abschneiden. Das Innere der Zwiebel herausdrücken. Dabei darauf achten, dass der äußerste Ring intakt bleibt (1).

2 Das Innere der Zwiebeln klein schneiden und mit 300 g Speckwürfeln anbraten. Zwei große Scheiben aus jedem Pizzateig ausschneiden. Die Hälfte der Scheiben mit den restlichen Speckwürfeln belegen. Anschließend jeweils eine weitere Teigscheibe darüberlegen. Die Scheiben mithilfe eines Nudelholzes plattieren.

3 Die Zwiebelringe in diese Scheiben einschlagen (2). Dabei die obere Seite offen lassen. Quark, Ei, Salz und Pfeffer miteinander vermischen und diese Mischung in die Zwiebeln füllen. Gebratene Speckwürfel und Zwiebeln darauf verteilen.

4 Die Zwiebel-Küchlein mit geriebenem Mozzarella bestreuen (3) und auf ein mit Backpapier belegtes Backblech legen. 20 Minuten bei 180 °C im Ofen backen und servieren (4).

CHEFCLUB-TIPP
Je bissfester Sie Ihre Zwiebeln mögen, desto mehr Zwiebelschichten müssen Sie intakt lassen und in den Teig einrollen.

Im Video wird gezeigt, wie man die Zwiebeln einfach leert

DAS REZEPT ALS VIDEO
Scannen Sie den QR Code oder tippen Sie 50941 in die Chefclub App

Die Chefclub-Idee

GEFÜLLTE ZWIEBELN IM TEIGMANTEL

SPARGEL-TARTE

RAFFINIERT DEKORIERT

2 PERSONEN

ZUBEREITUNG

30 Minuten

GARZEIT

20 Minuten im Ofen

ZUTATEN

8 grüne Spargel
4 Scheiben roher Schinken
4 Scheiben gekochter Schinken
2 rechteckige Blätterteige
Sauce hollandaise

MATERIAL

1 Schale
1 Pinsel
Backpapier

1 Jeden Spargel in eine Scheibe Schinken einrollen (1). Ein Drittel eines Teigs der Länge nach abschneiden und aufheben. Den restlichen Teig der Länge nach in 5 Streifen schneiden, dabei die linke Seite nicht durchtrennen. Jeden zweiten Teigstreifen nach links klappen. Einen in gekochten Schinken gerollten Spargel senkrecht auf die drei unteren Teigstreifen legen. Die umgeklappten Streifen zurück über den Spargel legen (2). Nun die unteren Teigstreifen nach links klappen. Einen in rohen Schinken gerollten Spargel rechts neben den ersten Spargel legen (3) und die umgeklappten Streifen zurückklappen. Diese Schritte wiederholen und dabei immer gekochten und rohen Schinken abwechseln (4-5).

2 Den zweiten Teig mit Sauce hollandaise bestreichen, dann das Spargel-Teig-Geflecht mittig auf den zweiten Teig legen (6). Die Seiten umschlagen (7), sodass ein dicker Rand entsteht. Die Reste des ersten Teigs in schmale Streifen schneiden und eine Schale damit spiralförmig auslegen (8). Die Spargel-Tarte und die mit Teig ausgelegte Schale auf ein mit Backpapier belegtes Backblech stellen, mit Eigelb bestreichen und 20 Minuten bei 180 °C backen. Dann die Schale mit Sauce hollandaise befüllen und servieren (9).

CHEFCLUB-TIPP

So machen Sie Sauce hollandaise selbst: 3 Eigelbe, den Saft einer halben Zitrone, Salz und Pfeffer mischen. Die Mischung über ein Wasserbad stellen und cremig schlagen. Den Herd abschalten und langsam 200 g Butter hinzufügen.

Im Video ist das schöne Geflecht anschaulich erklärt

DAS REZEPT ALS VIDEO

Scannen Sie den QR Code oder tippen Sie 78575 in die Chefclub App

Die Chefclub-Idee

BUNT GEMUSTERTE SCHACHBRETT-TARTE

RACLETTE-BURGER

ZWEI GERICHTE IN EINEM FÜR DOPPELTEN GENUSS

2 PERSONEN

ZUBEREITUNG

20 Minuten

GARZEIT

20 Minuten im Ofen
10 Minuten in der Pfanne

ZUTATEN

2 Pizzateige
4 Scheiben Raclette-Käse
1 Ei
250 g Rinderhackfleisch
1 rote Zwiebel
12 Scheiben Bacon
Sesamsamen
Petersilie
Salat
Pfeffersoße
Gewürzgurken
Salz und Pfeffer

MATERIAL

1 kleine Auflaufform
1 Backblech
Backpapier

1 Mithilfe einer kleinen Auflaufform aus dem Pizzateig 8 Scheiben von ca. 10 cm Durchmesser ausstechen (1). Je eine Scheibe Raclette-Käse auf 4 der Scheiben legen und diese mit den übrigen Teigscheiben bedecken (2).

2 Die Ränder gut andrücken, um sie fest zu verschließen (3). Dann die gefüllten Teigscheiben auf ein mit Backpapier belegtes Backblech legen, mit Eigelb bestreichen, mit Sesamsamen bestreuen (4) und 20 Minuten bei 200 °C im Ofen backen.

3 Rinderhackfleisch, gehackte Petersilie und klein geschnittene Zwiebel mischen, dann salzen und pfeffern (5). Aus dieser Mischung zwei Kugeln formen. Drei überlappende Bacon-Scheiben waagerecht über drei senkrechte, überlappende Bacon-Scheiben legen, sodass ein Kreuz entsteht. Diese Aktion wiederholen. In die Mitte jedes Kreuzes eine Hackfleischkugel legen (6). Die Bacon-Scheiben über dem Fleisch zusammenfalten. In der Pfanne anbraten, dabei immer wieder wenden (7).

4 Burger wie folgt zusammenstellen: Brötchen, Pfeffersoße, Salat, Fleisch, Gürkchen und Brötchen (8). Dann mit Pommes frites servieren (9).

CHEFCLUB-TIPP

Zwar trinkt man zu Raclette eigentlich gerne Weißwein, doch Rotwein wie Pinot Noir passt ebenfalls bestens. Ein Steak dazu, und schon haben Sie die perfekte Kombination!

Im Video sehen Sie, wie der Käse ins Brot kommt

DAS REZEPT ALS VIDEO
Scannen Sie den QR Code oder tippen Sie 00041 in die Chefclub App

Die Chefclub-Idee

BURGERBRÖTCHEN MIT RACLETTE-KÄSE-FÜLLUNG

SIXPACK-PIZZA

SECHS PIZZAS AUF EINEN STREICH!

2 PERSONEN

ZUBEREITUNG

15 Minuten

GARZEIT

15 Minuten im Ofen

ZUTATEN

2 Pizzateige
400 ml Tomatensoße
400 g Crème fraîche
1 Scheibe grüne Paprika
1 Scheibe gelbe Paprika
1 Scheibe rote Paprika
1 Merguez
1 Scheibe Schinken
3 Artischockenherzen
½ Zwiebel
1 schwarze Olive
1 Scheibe Ananas
50 g Cheddar-Käse
50 g Roquefort-Käse
25 g Mozzarella
1 Kartoffel
1 Scheibe Raclette-Käse
20 g Speckwürfel
1 Scheibe Räucherlachs
3 Garnelen
Currypulver

MATERIAL

1 Backblech
Backpapier

1 Einen Pizzateig auf einem mit Backpapier belegten Backblech ausrollen und mit Crème fraîche und Tomatensoße je 3 Dreiecke aufzeichnen (1).

2 Die Tomatensoßen-Dreiecke wie folgt belegen: Auf das erste Dreieck Paprikascheiben und Merguez-Stückchen legen. Das zweite mit einigen Schinkenstreifen, Artischockenherzen, Zwiebelringen und einer schwarzen Olive belegen. Das dritte mit Ananas-Stücken und Schinkenstreifen belegen und mit etwas Curry würzen.

3 Cheddar-Käse, Roquefort und Mozzarella auf das erste Crème-fraîche-Dreieck geben (2). Das zweite mit einigen Kartoffelwürfeln, Raclette-Käse, Speckwürfeln und dem Rest der Zwiebel garnieren. Das letzte Dreieck mit Räucherlachsstreifen und Garnelen belegen (3).

4 Mit dem zweiten Pizzateig bedecken und den Teig zwischen den einzelnen Dreiecken andrücken, sodass sie sich optisch abheben. 15 Minuten bei 180 °C im Ofen backen und servieren (4).

CHEFCLUB-TIPP

Damit Ihre Pizza bestens gelingt, müssen Sie einen Temperaturschock erzeugen! Heizen Sie Ihren Ofen 10 Minuten auf Maximaltemperatur vor. Dann backen Sie Ihre Pizza auf dem umgedrehten Backblech. So liegt sie auf einer ebenen Oberfläche. Das Ergebnis ist eine Pizza, die sogar Italiener vor Neid erblassen lässt.

Die Pizza bedecken, wie im Video gezeigt

DAS REZEPT ALS VIDEO

Scannen Sie den QR Code oder tippen Sie 59444 in die Chefclub App

2

Die Chefclub-Idee

EINE PIZZA, SECHS BELÄGE

3

4

VALENTINS-QUICHE

DIESE QUICHE LÄSST HERZEN HÖHERSCHLAGEN

4 PERSONEN

ZUBEREITUNG
20 Minuten

GARZEIT
30 Minuten im Ofen

ZUTATEN
1 Blätterteig
4 Würstchen
4 Eier
400 g Crème fraîche
150 g Schinkenstreifen
150 g geriebener Mozzarella
Petersilie
Salz und Pfeffer

MATERIAL
1 Tarteform

1 Den Blätterteig in die Tarteform legen (1). Die Würstchen bis ca. 1 cm unterhalb der Spitze der Länge nach durchschneiden (2). Die Würstchen-Hälften nach außen biegen und unten zusammenführen, sodass Herzen entstehen (3-4). Die vier Herzen dann auf den Teig legen, sodass sie zusammen die Form eines Kleeblatts ergeben.

2 In einer Salatschüssel Eier, Crème fraîche, gehackte Petersilie, Salz und Pfeffer mischen (5). Die Schinkenstreifen um die Herzen herum platzieren (6), dann die Eier-Mischung über die Schinkenstreifen gießen (7).

3 Den geriebenen Mozzarella in die Herzen füllen (8) und dann 30 Minuten bei 180 °C im Ofen backen. Anschließend mit Salat servieren (9).

CHEFCLUB-TIPP
Wenn Sie ein Ei auf einer ebenen Fläche anstatt auf einer Kante aufschlagen, wird die Bruchstelle viel sauberer. Und: Falls Sie unglücklicherweise ein Stück Schale aus einer Schüssel entfernen müssen, eignet sich dazu nichts besser als die Schale selbst!

Schauen Sie sich an, wie Würstchen zu Herzen werden

DAS REZEPT ALS VIDEO
Scannen Sie den QR Code oder tippen Sie 15962 in die Chefclub App

Die Chefclub-Idee

**EINE QUICHE
MIT ROMANTISCHER
WÜRSTCHEN-DEKO**

ARMER-RITTER-BURGER

HEUTE GIBT'S FRÜHSTÜCK ZUM ABENDESSEN

2 PERSONEN

ZUBEREITUNG
15 Minuten

GARZEIT
10 Minuten in der Pfanne

ZUTATEN
4 Scheiben Brioche-Brot
8 Scheiben Emmentaler
2 Hacksteaks
200 ml Sahne
4 Eier
50 ml Milch
1 EL Knoblauchpulver
Gewürzgurken
Butter
Salz und Pfeffer

MATERIAL
1 Zange

1 Zwei Scheiben Brioche-Brot mit je 2 Scheiben Emmentaler belegen. Die Hacksteaks braten und auf die Käsescheiben legen (1). Mit zwei weiteren Scheiben Käse und einer zweiten Scheibe Brioche-Brot belegen.

2 Sahne, Eier, Milch, Salz, Pfeffer und Knoblauchpulver mischen. Die Brioche-Burger mithilfe einer Zange in die Sahne-Mischung tauchen (2).

3 Ein paar Minuten mit etwas Butter in der Pfanne anbraten (3). Mit ein paar Gewürzgurken-Scheibchen servieren (4).

CHEFCLUB-TIPP
So braten Sie Ihre Hacksteaks gut durch: Braten Sie jede Seite 30 Sekunden lang scharf an und braten Sie dann jede Seite bei niedriger Temperatur weitere 2 Minuten, bis Saft aus dem Fleisch heraustritt.

Die Burger tunken, wie im Video gezeigt

DAS REZEPT ALS VIDEO
Scannen Sie den QR Code oder tippen Sie 79453 in die Chefclub App

Die Chefclub-Idee

EIN SAFTIGER UND HERZHAFTER BURGER

AUFLAUF-PASTETCHEN

KARTOFFELN IM SCHLAFROCK

2 PERSONEN

ZUBEREITUNG

20 Minuten

GARZEIT

20 Minuten im Wasser
20 Minuten im Ofen

ZUTATEN

2 Kartoffeln
1 Kugel Mozzarella
1 rechteckiger Blätterteig
2 Scheiben Schinken
2 Eigelbe

MATERIAL

1 Backblech
Backpapier

1 Die Kartoffeln schälen, in Salzwasser garen und in Scheiben schneiden. Den Mozzarella in Scheiben schneiden (1).

2 Den Blätterteig auf einem mit Backpapier belegten Backblech ausrollen und der Länge nach mit Schinken belegen. In die Mitte jeder Schinkenscheibe eine Reihe Kartoffelscheiben platzieren. Diese dann mit Mozzarella-Scheiben belegen. Die Schinkenscheiben über dem Mozzarella zusammenklappen und das Ganze mit dem Teig einrollen (2). Anschließend den gesamten Teig zu 2/3 aufrollen.

3 Den aufgerollten Teig mit Eigelb bestreichen. Das überstehende Drittel des Teigs einschneiden, sodass Streifen entstehen. Diese Streifen über den aufgerollten Teig falten (3) und ebenfalls mit Eigelb bestreichen. In der Mitte durchschneiden und 20 Minuten bei 210 °C im Ofen backen. Warm servieren (4).

CHEFCLUB-TIPP

Kartoffeln in der Mikrowelle zubereiten? Klar, das geht! In 7 bis 10 Minuten sind sie vollkommen gar. Geben Sie die Kartoffeln dazu in eine Schüssel, die zu 1/3 mit Wasser gefüllt ist und decken Sie diese mit Frischhaltefolie ab.

Wie Sie richtig falten, sehen Sie im Video

DAS REZEPT ALS VIDEO

Scannen Sie den QR Code oder tippen Sie 39942 in die Chefclub App

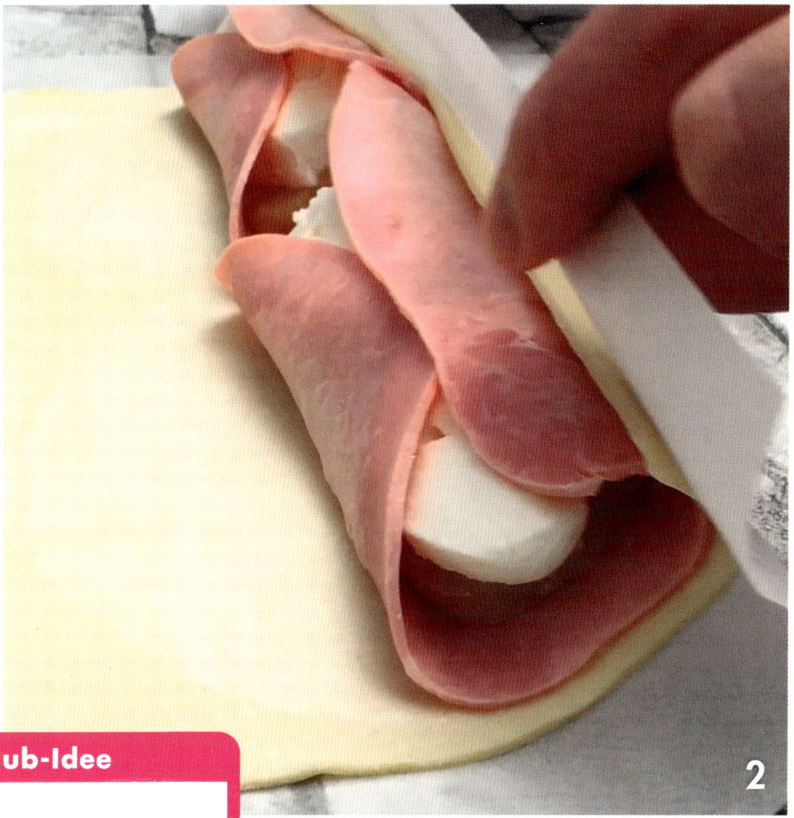

Die Chefclub-Idee

EIN BLÄTTERTEIGMANTEL MIT AUSGEKLÜGELTER OPTIK

HACKBRATEN FÜR VERLIEBTE

MIT HERZLICHEN GRÜSSEN AUS DER CHEFCLUB-KÜCHE

2 PERSONEN

ZUBEREITUNG

25 Minuten

GARZEIT

8 Minuten im Wasser
25 Minuten im Ofen

ZUTATEN

650 g Rinderhackfleisch
250 g Spaghetti
250 ml Tomatensoße
100 g geriebener Mozzarella
Petersilie
Salz und Pfeffer

MATERIAL

Alufolie
1 runde Kuchenform

1 3 Stücke Alufolie in drei längliche Formen zusammendrücken und so in eine Kuchenform legen, dass der freie Platz die Form eines Herzens annimmt.

2 Hackfleisch, klein geschnittene Petersilie, Salz und Pfeffer mischen und die Hälfte der Mischung in die Mitte der Herz-Form geben, sodass diese ausgefüllt ist (1). Die Fleischmischung gut andrücken, sodass auch der Rand der Herz-Form damit bedeckt wird und ein befüllbares Hack-Herz entsteht.

3 Die Spaghetti in kochendem Salzwasser garen, dann abtropfen lassen und mit der Tomatensoße mischen (2). Die Spaghetti in das Hack-Herz geben, dann mit geriebenem Mozzarella bestreuen.

4 Das Herz mit der restlichen Fleischmischung verschließen (3) und danach bei 180 °C 25 Minuten im Ofen backen. Anschließend aus der Form lösen und servieren (4).

CHEFCLUB-TIPP

Lassen Sie die Nudeln im Wasser nicht zu weich kochen, da der Garvorgang im Ofen fortgesetzt wird. Kochen Sie sie ungefähr 2 Minuten weniger, als auf der Packung angegeben ist.

Formen Sie ein perfektes Herz, wie im Video vorgemacht

DAS REZEPT ALS VIDEO

Scannen Sie den QR Code oder tippen Sie 35070 in die Chefclub App

2

Die Chefclub-Idee

HERZFÖRMIGER HACKBRATEN MIT SPAGHETTI-FÜLLUNG

3

4

TOMATEN-BLÜMCHEN

GEFÜLLTE TOMATEN À LA CHEFCLUB

2 PERSONEN

ZUBEREITUNG

20 Minuten

GARZEIT

15 Minuten im Ofen

ZUTATEN

2 Pizzateige
4 Tomaten
4 Scheiben Coppa
15 Mozzarella-Bällchen
Basilikum
Oregano
Salz und Pfeffer

MATERIAL

1 Nudelholz

1 Den ersten Pizzateig mit Basilikumblättern belegen (1), dann den zweiten Teig darüberlegen. Mit dem Nudelholz darüberrollen, um den Teig zu plattieren (2).

2 Den oberen Teil der Tomaten abschneiden (3) und die Tomaten aushöhlen. Alle Tomaten mit einer Scheibe Coppa auslegen (4), dann mit Mozzarella-Bällchen befüllen.

3 Aus dem Basilikum-Pizzateig 4 Scheiben ausschneiden (5) und die Tomaten mit diesen umwickeln. Dabei die Öffnung oben frei lassen (6-7). Salzen, pfeffern und mit Oregano bestreuen (8). 15 Minuten bei 180 °C im Ofen backen und warm servieren (9).

CHEFCLUB-TIPP

Falls Sie geschälte Tomaten bevorzugen, brühen Sie diese kurz in kochendem Wasser ab und halten Sie sie dann unter kaltes Wasser: Die Haut löst sich danach fast von selbst ab!

Die Verkleidung der Tomaten im Video ansehen

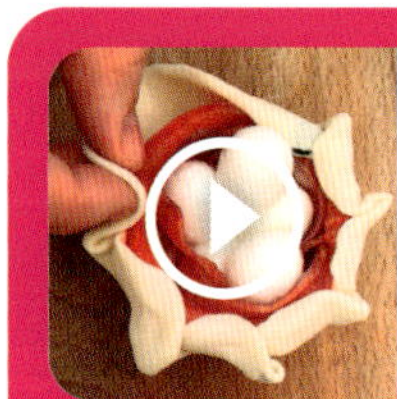

DAS REZEPT ALS VIDEO

Scannen Sie den QR Code oder tippen Sie 08751 in die Chefclub App

Die Chefclub-Idee

GEFÜLLTE TOMATEN IM KNUSPRIGEN TEIGMANTEL

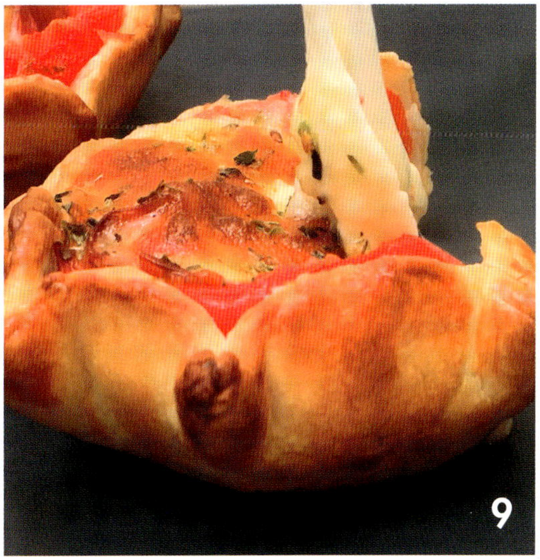

STRAMMER MAX DELUXE

EIN DEFTIGES UPGRADE DES KLASSIKERS

2 PERSONEN

ZUBEREITUNG
15 Minuten

GARZEIT
5 Minuten in der Pfanne
20 Minuten im Ofen

ZUTATEN
6 Scheiben Toastbrot
10 g Butter
100 ml Béchamelsoße
2 Scheiben Schinken
2 Eier
75 g geriebener Emmentaler
12 Scheiben Bacon
Barbecuesoße

MATERIAL
1 Glas
1 Backblech
Backpapier

1 Toastbrotscheiben mit etwas Butter in einer Pfanne anbraten. Auf vier Toastbrotscheiben Béchamelsoße geben (1) und mit halbierten Schinkenscheiben belegen.

2 Mithilfe eines Glases aus der Mitte der zwei verbleibenden Brotscheiben Kreise ausstechen (2), dann diese auf die mit Schinken belegten Toastscheiben legen (3). Je ein Ei in die gelochten Brotscheiben aufschlagen und mit Emmentaler bestreuen (4). Die Sandwiches mit den verbleibenden mit Schinken belegten Toastbrotscheiben verschließen (5).

3 Drei überlappende Bacon-Scheiben waagerecht über drei senkrechte, überlappende Bacon-Scheiben legen, sodass ein Kreuz entsteht. Diesen Vorgang wiederholen. Die Sandwiches in die Mitte der Kreuze legen und die Bacon-Scheiben darüberfalten (6).

4 Den Bacon mit Barbecuesoße bestreichen (7) und dann 20 Minuten bei 180 °C auf einem mit Backpapier belegten Backblech im Ofen backen. Mit Salat servieren und ofenwarm genießen (8-9).

CHEFCLUB-TIPP
Dieses Gericht beruht auf dem allerersten Rezept, das jemals von Chefclub kreiert wurde. Diese Neuinterpretation ist unser Dankeschön an Sie für Ihre unglaubliche Unterstützung!

Im Video mitverfolgen, wie das Bacon über das Toast gelegt wird

DAS REZEPT ALS VIDEO
Scannen Sie den QR Code oder tippen Sie 81645 in die Chefclub App

Die Chefclub-Idee

STRAMMER MAX 2.0 MIT KÖSTLICHER BACON-KRUSTE

HERBSTLICHE QUICHE

PERFEKT FÜR DIE KALTE JAHRESZEIT

2 PERSONEN

ZUBEREITUNG

25 Minuten

GARZEIT

40 Minuten im Ofen
10 Minuten in der Pfanne

ZUTATEN

1 Butternut-Kürbis
3 Eier
3 EL Crème fraîche
200 g Speckwürfel
1 Zwiebel
150 g geriebener Mozzarella
Olivenöl
Petersilie
Salz und Pfeffer

MATERIAL

1 Backblech
Backpapier

1 Den Butternut-Kürbis der Länge nach halbieren und beide Hälften aushöhlen (1). Auf ein mit Backpapier belegtes Backblech legen, mit etwas Olivenöl beträufeln und 10 Minuten bei 200 °C im Ofen backen.

2 Eier, Crème fraîche, Salz und Pfeffer mischen. Die Zwiebel klein schneiden und mit den Speckwürfeln anbraten. Dann der Mischung hinzufügen (2).

3 Die Kürbis-Hälften mit der Mischung befüllen und mit geriebenem Mozzarella bestreuen (3). Im Ofen 30 Minuten bei 180 °C backen. Mit Petersilie bestreuen und servieren (4).

CHEFCLUB-TIPP

Verwechseln Sie nicht Speisekürbisse mit dem leuchtend orangefarbenen Halloween-Kürbis. Dieser ist in den USA sehr beliebt, allerdings nutzt man ihn nur selten zum Kochen, da sein Geschmack nicht jedermanns Sache ist.

Kürbis aushöhlen, wie im Video gezeigt

DAS REZEPT ALS VIDEO
Scannen Sie den QR Code oder tippen Sie 85765 in die Chefclub App

2

Die Chefclub-Idee

EIN KÜRBIS ALS AUFLAUFFORM

3

4

STERNENGRATIN

EIN HIMMLISCHER GENUSS

2 PERSONEN

ZUBEREITUNG

20 Minuten

GARZEIT

20 Minuten im Wasser
10 Minuten im Ofen

ZUTATEN

150 g Kartoffeln
1 Ei
5 Würstchen
100 g geriebener Mozzarella
Petersilie
Schnittlauch
Salz und Pfeffer

MATERIAL

Zahnstocher
1 Backblech
Backpapier

1 Die Kartoffeln schälen, in Salzwasser garen und anschließend zu Püree zerdrücken. Mit Ei, gehackter Petersilie, klein geschnittenem Schnittlauch, Salz und Pfeffer mischen (1).

2 Die Würstchen halbieren (2), dann der Länge nach durchschneiden, ohne sie an der Spitze zu durchtrennen (3). Mithilfe von Zahnstochern die Würstchenhälften in V-Form geöffnet halten (4). Auf einem mit Backpapier belegten Backblech die Würstchen so anordnen, dass sich 2 Sterne mit je 5 Zacken ergeben (5).

3 Jeden Stern mit Püree befüllen (6) und mit geriebenem Mozzarella bestreuen (7). 10 Minuten bei 180 °C im Ofen backen, Zahnstocher entfernen und warm servieren (8-9).

CHEFCLUB-TIPP

Wenn Sie es gerne etwas feuriger mögen, dann versuchen Sie dieses Rezept doch einmal mit Merguez!

Im Video sehen Sie die Sterne aus nächster Nähe

DAS REZEPT ALS VIDEO

Scannen Sie den QR Code oder tippen Sie 20809 in die Chefclub App

Die Chefclub-Idee

WÜRSTCHEN-STERNE, GEFÜLLT MIT PÜREE

AUBERGINEN-SCHIFFCHEN

VERFÜHRERISCH MIT ITALIENISCHEN AROMEN

2 PERSONEN

ZUBEREITUNG

20 Minuten

GARZEIT

30 Minuten im Ofen

ZUTATEN

1 Aubergine
2 Scheiben Schinken
100 g Comté-Käse
200 g Paniermehl
1 Knoblauchzehe
5 EL Olivenöl
30 g geriebener Parmesan
50 ml Tomatensoße
Basilikum
Salz und Pfeffer

MATERIAL

1 Mixer

1 Die Aubergine der Länge nach halbieren und mithilfe einer Gabel von oben nach unten Rillen ins Fruchtfleisch ziehen (1). Schinken und Comté-Käse in feine Streifen schneiden und in die Rillen stecken (2).

2 Die Basilikumblätter mit dem Paniermehl, der Knoblauchzehe, 4 EL Olivenöl, Salz und Pfeffer mixen, um ein würziges Paniermehl zu erhalten.

3 Die Aubergine mit dem Paniermehl bestreuen, mit etwas Olivenöl beträufeln und geriebenen Parmesan darüber geben. 30 Minuten bei 180 °C backen.

4 Die warme Tomatensoße in einen Suppenteller gießen, die Aubergine in der Mitte platzieren und servieren (4).

CHEFCLUB-TIPP

Um ein bisschen Abwechslung auf den Teller zu bringen, können Sie bei diesem Rezept die Aubergine durch einen Kürbis ersetzen.

Das Video zeigt, wie Sie die Auberginen leicht befüllen können

DAS REZEPT ALS VIDEO

Scannen Sie den QR Code oder tippen Sie 09054 in die Chefclub App

Die Chefclub-Idee

EINE MIT SCHINKEN UND KÄSE GESPICKTE AUBERGINE

OMELETT-SANDWICHES

FÜR DEN NÄCHSTEN BRUNCH ZU ZWEIT

2 PERSONEN

ZUBEREITUNG

20 Minuten

GARZEIT

10 Minuten im Sandwichtoaster
5 Minuten im Ofen

ZUTATEN

½ rote Paprika
½ orange Paprika
½ grüne Paprika
½ Zwiebel
3 Eier
50 ml Sahne
1 TL Paprikapulver
15 g geriebener Mozzarella
25 g Paniermehl
2 Scheiben Cheddar-Käse
2 Scheiben Schinken
Schnittlauch

MATERIAL

1 Sandwichtoaster
1 Backblech
Backpapier

1 Paprika und Zwiebel klein würfeln (1), dann mit Eiern, Sahne, Paprikapulver, Mozzarella, klein geschnittenem Schnittlauch und Paniermehl mischen.

2 Die Mischung in einen Sandwichtoaster füllen (2) und 5 Minuten backen. Diese Aktion wiederholen. Insgesamt 4 Omelett-Sandwiches backen.

3 Je eine Scheibe Cheddar-Käse und eine Scheibe Schinken (3) auf 2 der Omeletts legen. Mit den zwei verbleibenden Omeletts verschließen. Auf ein mit Backpapier bedecktes Backblech legen und 5 Minuten bei 180 °C im Ofen backen. Dann warm servieren (4).

CHEFCLUB-TIPP

Damit die Omelett-Sandwiches nicht an Ihrem Sandwichtoaster kleben bleiben, sollten Sie das Gerät leicht einfetten. Dies geht am besten mit einem ölgetränkten Küchentuch.

Wieviel Mischung in das Waffeleisen? Sehen Sie es sich im Video an!

DAS REZEPT ALS VIDEO

Scannen Sie den QR Code oder tippen Sie 92267 in die Chefclub App

Die Chefclub-Idee

OMELETTS SERVIERT ALS SANDWICH

ZUCCHINI-PIZZA

DIESE PIZZA SUCHEN SIE IN ITALIEN VERGEBLICH

2 PERSONEN

ZUBEREITUNG
20 Minuten

GARZEIT
20 Minuten im Ofen

ZUTATEN
2 Zucchini
1 Chorizo
4 rote Kirschtomaten
4 gelbe Kirschtomaten
150 g geriebener Mozzarella

MATERIAL
1 Backblech
Backpapier

1 Die Zucchini der Länge nach halbieren und aushöhlen (1). Die Chorizo in Scheiben schneiden. Die Kirschtomaten halbieren.

2 Die Zucchini mit geriebenem Mozzarella füllen, dann abwechselnd mit Chorizo-Scheiben und Kirschtomaten-Hälften belegen (2-3).

3 Auf ein mit Backpapier bedecktes Backblech legen und bei 180 °C 20 Minuten im Ofen backen. Mit Salatblättern servieren (4).

CHEFCLUB-TIPP
Zucchini sollten am besten erst zum Ende der Garzeit gewürzt werden. Salz greift das zarte Fruchtfleisch der Zucchini an und sie verliert so ihre Festigkeit.

Im Video ansehen, wie die Zucchinis ausgehöhlt werden

DAS REZEPT ALS VIDEO
Scannen Sie den QR Code oder tippen Sie 73618 in die Chefclub App

Die Chefclub-Idee

ZUCCHINI ANSTELLE VON PIZZATEIG

LECKERER LIEBESBRIEF

PERFEKT FÜR EINEN BESONDEREN ANLASS

2 PERSONEN

ZUBEREITUNG

30 Minuten

GARZEIT

5 Minuten in der Pfanne
15 Minuten im Ofen

ZUTATEN

2 Mürbeteige
100 ml Tomatensoße
100 g geriebener Mozzarella
2 Kirschtomaten
2 Mozzarella-Bällchen
2 Steaks

MATERIAL

Backpapier
1 Pinsel
2 Zahnstocher

1 Beide Mürbeteige quadratisch zuschneiden. Dabei so wenig Teig wie möglich abschneiden. Die Teigreste für später aufbewahren. Zwei Ecken jedes Quadrats zur Mitte umschlagen (1), um die Spitze des Umschlags zu formen. Die seitlichen Ränder ebenfalls ein wenig umschlagen (2). Die Tomatensoße auf die nicht gefaltete Fläche geben (3). Die Steaks mit Salz anbraten (4), dann auf die Tomatensoße legen und pfeffern. Mit Mozzarella bestreuen (5).

2 Die untere Hälfte des Teigs über das Fleisch falten (6). Dann den dreieckigen Teil nach unten falten, sodass sich die Form eines Briefumschlags ergibt, in den das Fleisch eingepackt ist. Die Ränder gut andrücken.

3 Aus den Teigresten 2 Herzen, 2 Pfeilspitzen und 2 Pfeilenden ausschneiden. Die Herzen wie ein Siegel auf der Spitze des Umschlags anbringen. Alles auf ein mit Backpapier bedecktes Backblech legen, mit Eigelb bestreichen (7) und 15 Minuten bei 180 °C im Ofen backen.

4 Die Kirschtomaten mit einem diagonalen Schnitt halbieren und die Hälften so umdrehen und zusammenfügen, dass sich eine Herzform ergibt (8). Die Tomaten mit einem Mozzarella-Bällchen und den Pfeilextremitäten auf einen Zahnstocher stecken. Dann die Teig-Herzen mit Tomatensoße dekorieren und servieren (9).

CHEFCLUB-TIPP

Man sollte das Fleisch immer erst nach dem Braten pfeffern. Beim Braten verlieren Gewürze wie Pfeffer häufig ihren Geschmack.

Den Teigumschlag mit Details finden Sie im Video

DAS REZEPT ALS VIDEO

Scannen Sie den QR Code oder tippen Sie 70344 in die Chefclub App

Die Chefclub-Idee

EIN STEAK
IM TEIGUMSCHLAG

MERCI

Dieses Buch, seine Vorgänger und Nachfolger sowie all unsere laufenden Projekte wären ohne Sie niemals möglich gewesen. Unser internationales Team bedankt sich ganz herzlich bei Ihnen!

Oktober 2020

80 Millionen Abonnenten auf den sozialen Netzwerken und 500 000 verkaufte Bücher weltweit!

Oktober 2019

Chefclub macht mit dem Kiddoz-Set Kochen zum Kinderspiel: Unser erstes Kochbuch für Kinder kommt mit einem praktischen Messbechersystem! Fortsetzung folgt …

April 2019

3 neue Bücher werden in Deutschland veröffentlicht: DAS SÜSSE, LIGHT & FUN und PARTYFOOD.

Oktober 2018

Wir laden zum ersten Mal Mitglieder der Chefclub-Community in unsere Büros ein.

September 2018

Das BEST OF (Band 1) wird auf Deutsch übersetzt.

Juni 2018

Das 32-köpfige Chefclub-Team bezieht sein neues Atelier im Pariser Stadtzentrum.

November 2017

Chefclub veröffentlicht in Eigenregie das BEST OF (Band 1). Ihre Lieblingsvideos werden in einem ersten Buch zusammengefasst!

Februar 2017

10 Millionen Abonnenten auf den sozialen Netzwerken. Wir arbeiten zu zehnt in einer Wohnung.

Mai 2016

Chefclub wird international. Unsere Videos machen sich auf, um die Küchen auf der ganzen Welt zu erobern.

April 2016

„Gute Laune in der Küche". Die Chefclub-Philosophie konkretisiert sich. Wir schreiben es uns auf die Fahnen, außergewöhnliche Rezepte mit alltäglichen Zutaten zu kreieren.

Februar 2016

3 Brüder verwandeln die Küche ihrer elterlichen Wohnung in ein provisorisches Filmstudio. Das 1. Video ist schnell veröffentlicht … Doch da ist noch Luft nach oben!

Besuchen Sie **www.chefclub.tv/de/Story**, um unserem Abenteuer zu folgen und sich Fotos der wichtigsten Etappen unserer Geschichte anzusehen.

Chefclub NETWORK

ENTDECKEN SIE DIE CHEFCLUB-APP

ES ERWARTEN SIE ZAHLREICHE REZEPTE,
SPANNENDE KOCHWETTBEWERBE
UND DER AUSTAUSCH MIT DER COMMUNITY

JETZT BEI Google Play

Laden im App Store

IHR WILLKOMMENS-PACK!

Herzlichen Glückwunsch! Sie gehören jetzt offiziell zum Chefclub-Team!
Um das zu feiern, schenken wir Ihnen 3 neue Rezepte,
die Sie sich als Videos auf einem Smartphone oder einem Tablet ansehen können.

ENTDECKEN SIE 3 ÜBERRASCHUNGSREZEPTE!

So finden Sie die Überraschungsvideos:

1. Laden Sie kostenlos die Chefclub-App herunter.
2. Öffnen Sie die App, drücken Sie auf das HAUS-Symbol und scannen Sie den oben stehenden QR-Code, um das jeweilige Video anzuzeigen. An die Kochlöffel, fertig ... los!

JETZT BEI Google Play

Laden im App Store

LUST AUF MEHR?

Die gesamte Kochbuch-Kollektion von Chefclub:

DAS CHEFCLUB KIDS SET

Lecker Kochen und Backen lernen war noch nie so einfach!
Mit den Chefclub Kids Messbechern und der Kombination von Kochbuch und App können kleine Nachwuchsköche kinderleicht eine breite Auswahl an Leckereien zaubern.

INDEX

A/B

AUBERGINE
Auberginen-Schiffchen 106
BABYBEL®
Falscher Hase Deluxe 36
BACON
Gefüllte Kartoffel-Taler 20
Cheeseburger-Bûche 22
Bratwurst-Spieße 24
Herzhafter Käsekuchen 28
Falscher Hase Deluxe 36
Hacksteak XXL 70
Raclette-Burger 86
Strammer Max Deluxe 100
BÉCHAMELSOSSE
Hackbällchen-Auflauf 10
Gespickte Kartoffeln 30
Party-Crêpes 34
Saftiger Blumenkohl-Braten 40
Käse-Schinken-Röllchen 54
Brie-käse in Blätterteigkruste 68
Strammer Max Deluxe 100
BIER
Würstchen-Waffeln 50
Das Welsh-Club-Sandwich 78
BLÄTTERTEIG
Herzhafter Käsekuchen 28
Gemusterte Blätterteigteilchen 58
Brie-Käse in Blätterteigkruste 68
Sonnen-Käse 76
Spargel-Tarte 84
Valentins-Quiche 90
Auflauf-Pastetchen 94
BLUMENKOHL
Saftiger Blumenkohl-Braten 40
BRIE-KÄSE
Brie-Käse in Blätterteigkruste 68
BROTTEIG
Gulasch-Brot 18
BUTTERNUT-KÜRBIS
Herbstliche Quiche 102

C

CAMEMBERT-KÄSE
Camembert-Fondue 52
CHEDDAR-KÄSE
Cheeseburger-Bûche 22
Saftiger Blumenkohl-Braten 40
Cheeseburger-Pizza 62
Sixpack-Pizza 88
Omelett-Sandwiches 108
CHEDDAR-KÄSE (GERIEBEN)
Gefüllte Kartoffel-Taler 20
Würstchen-Waffeln 50
Hacksteak XXL 70
Das Welsh-Club-Sandwich 78
CHORIZO
Zucchini-Pizza 110
COMTÉ-KÄSE
Party-Crêpes 34
Auberginen-Schiffchen 106
CURRYPULVER
Chefclub-Currywurst 64

E

EMMENTALER
Omelett-Kuchen 12
Bratwurst-Spieße 24
Überraschungs-Tortilla 26
Spaghetti-Waffeln 32
Bœuf-Bourguignon-Klöße 44
Käse-Schinken-Röllchen 54
Pralinen-Kroketten 72
Armer-Ritter-Burger 92
EMMENTALER (GERIEBEN)
Gespickte Kartoffeln 30
Gerollter Kartoffelauflauf 42

Strammer Max Deluxe 100
EI
Omelett-Kuchen 12
Carbonara-Rolle 16
Gefüllte Kartoffel-Taler 20
Überraschungs-Tortilla 26
Falscher Hase Deluxe 36
Würstchen-Waffeln 50
Schnitzel-Party 74
Das Welsh-Club-Sandwich 78
Zwiebel-Küchlein 82
Strammer Max Deluxe 100
Omelett-Sandwiches 108

G, H

GARNELE
Sixpack-Pizza 88
GEWÜRZGURKE
Cheeseburger-Bûche 22
Falscher Hase Deluxe 36
Raclette-Dip 56
Crêpe-Gratin 66
Schnitzel-Party 74
Armer-Ritter-Burger 92
GURKE
Schnitzel-Party 74
HÄHNCHENFILET
Cordon-bleu-Rouladen 14
Kebab-Spieß 48
HÖRNCHENNUDELN
Brie-Käse in Blätterteigkruste 68

J, K

JOGHURT
Kebab-Spieß 48
KAROTTE
Party-Crêpes 34
Bœuf-Bourguignon-Klöße 44
KARTOFFEL
Hackbällchen-Auflauf 10
Omelett-Kuchen 12
Gefüllte Kartoffel-Taler 20
Bratwurst-Spieße 24
Überraschungs-Tortilla 26
Herzhafter Käsekuchen 28
Gespickte Kartoffeln 30
Gerollter Kartoffelauflauf 42
Bœuf-Bourguignon-Klöße 44
Camembert-Fondue 52
Raclette-Dip 56
Würzige Churro-Nester 60
Chefclub-Currywurst 64
Crêpe-Gratin 66
Pralinen-Kroketten 72
Schnitzel-Party 74
Sixpack-Pizza 88
Auflauf-Pastetchen 94
Sternengratin 104
KETCHUP
Chefclub-Currywurst 64
KIRSCHTOMATEN
Ziegenkäse-Quiche 38
Zucchini-Pizza 110
Leckerer Liebesbrief 112
KNOBLAUCHZEHE
Gerollter Kartoffelauflauf 42
Auberginen-Schiffchen 106
KNOBLAUCHZWIEBEL
Gulasch-Brot 18

M

MOZZARELLA
Cordon-bleu-Rouladen 14
Cheeseburger-Pizza 62
Sixpack-Pizza 88
Auflauf-Pastetchen 94
Tomaten-Blümchen 98
Leckerer Liebesbrief 112
MOZZARELLA (GERIEBEN)
Hackbällchen-Auflauf 10
Carbonara-Rolle 16
Saftiger Blumenkohl-Braten 40

Gemusterte Blätterteigteilchen **58**
Hacksteak XXL **70**
Zwiebel-Küchlein **82**
Valentins-Quiche **90**
Hackbraten für Verliebte **96**
Herbstliche Quiche **102**
Sternengratin **104**
Omelett-Sandwiches **108**
Zucchini-Pizza **110**
Leckerer Liebesbrief **112**
MÜRBETEIG
Ziegenkäse-Quiche **38**
Leckerer Liebesbrief **112**

P, Q

PANIERMEHL
Falscher Hase Deluxe **36**
Schnitzel-Party **74**
PAPRIKA
Bratwurst-Spieße **24**
Cheeseburger-Pizza **62**
Sixpack-Pizza **88**
Omelett-Sandwiches **108**
PARMESAN
Spaghetti-Waffeln **32**
PARMESAN (GERIEBEN)
Carbonara-Rolle **16**
Gemusterte Blätterteigteilchen **58**
Auberginen-Schiffchen **106**
PIZZATEIG
Cheeseburger-Bûche **22**
Camembert-Fondue **52**
Cheeseburger-Pizza **62**
Zwiebel-Küchlein **82**
Raclette-Burger **86**
Sixpack-Pizza **88**
Tomaten-Blümchen **98**
PUTENSCHNITZEL
Schnitzel-Party **74**

R

RACLETTE-KÄSE
Raclette-Dip **56**
Crêpe-Gratin **66**
Raclette-Burger **86**
Sixpack-Pizza **88**
RÄUCHERLACHS
Sixpack-Pizza **88**
REBLOCHON-KÄSE
Herzhafter Käsekuchen **28**
Würzige Churro-Nester **60**
Sonnen-Käse **76**
RINDERFLEISCH
Hackbällchen-Auflauf **10**
Gulasch-Brot **18**
Cheeseburger-Bûche **22**
Spaghetti-Waffeln **32**
Party-Crêpes **34**
Falscher Hase Deluxe **36**
Saftiger Blumenkohl-Braten **40**
Gerollter Kartoffelauflauf **42**
Bœuf-Bourguignon-Klöße **44**
Cheeseburger-Pizza **62**
Hacksteak XXL **70**
Raclette-Burger **86**
Armer-Ritter-Burger **92**
Hackbraten für Verliebte **96**
Leckerer Liebesbrief **112**
ROQUEFORT-KÄSE
Spaghetti-Waffeln **32**
Gemusterte Blätterteigteilchen **58**
Sixpack-Pizza **88**
ROTWEIN
Gulasch-Brot **18**

S

SAUCE HOLLANDAISE
Spargel-Tarte **84**
SCHINKEN (GEKOCHT)
Cordon-bleu-Rouladen **14**

Überraschungs-Tortilla **26**
Gespickte Kartoffeln **30**
Ziegenkäse-Quiche **38**
Käse-Schinken-Röllchen **54**
Gemusterte Blätterteigteilchen **58**
Pralinen-Kroketten **72**
Das Welsh-Club-Sandwich **78**
Spargel-Tarte **84**
Sixpack-Pizza **88**
Valentins-Quiche **90**
Auflauf-Pastetchen **94**
Strammer Max Deluxe **100**
Auberginen-Schiffchen **106**
Omelett-Sandwiches **108**
SCHINKEN (ROH)
Omelett-Kuchen **12**
Raclette-Dip **56**
Crêpe-Gratin **66**
Spargel-Tarte **84**
SENF
Falscher Hase Deluxe **36**
SPAGHETTI
Spaghetti-Waffeln **32**
Hackbraten für Verliebte **96**
SPARGEL
Spargel-Tarte **84**
SPECKWÜRFEL
Carbonara-Rolle **16**
Spaghetti-Waffeln **32**
Brie-Käse in Blätterteigkruste **68**
Sonnen-Käse **76**
Zwiebel-Küchlein **82**
Sixpack-Pizza **88**
Herbstliche Quiche **102**
SPINAT
Gerollter Kartoffelauflauf **42**

T

TOASTBROT
Carbonara-Rolle **16**
Käse-Schinken-Röllchen **54**
Das Welsh-Club-Sandwich **78**
Armer-Ritter-Burger **92**
Strammer Max Deluxe **100**
TOMATE
Falscher Hase Deluxe **36**
Gerollter Kartoffelauflauf **42**
Kebab-Spieß **48**
Tomaten-Blümchen **98**
TOMATENSOSSE
Party-Crêpes **34**
Hackbraten für Verliebte **96**
Auberginen-Schiffchen **106**
Leckerer Liebesbrief **112**
TOMATENMARK
Gulasch-Brot **18**

W

WÜRSTCHEN
Bratwurst-Spieße **24**
Würstchen-Waffeln **50**
Chefclub-Currywurst **64**
Valentins-Quiche **90**
Sternengratin **104**

Z

ZIEGENKÄSE
Ziegenkäse-Quiche **38**
ZUCCHINI
Cordon-bleu-Rouladen **14**
Zucchini-Pizza **110**
ZWIEBEL
Gulasch-Brot **18**
Überraschungs-Tortilla **26**
Falscher Hase Deluxe **36**
Würzige Churro-Nester **60**
Hacksteak XXL **70**
Sonnen-Käse **76**
Zwiebel-Küchlein **82**

2020, Snacking Media
53, rue de Chabrol
75010 Paris - Frankreich

Deutsche Bearbeitung : Annegret Tripodi und Constanze Ravel

Pflichtexemplar: Oktober 2020
ISBN: 978-2-490129-34-8
Gedruckt in Europa von Koryo im Oktober 2020